体育法一本通

法规应用研究中心　编

中国法制出版社
CHINA LEGAL PUBLISHING HOUSE

图书在版编目（CIP）数据

体育法一本通 / 法规应用研究中心编．—北京：中国法制出版社，2023.1

（法律一本通；29）

ISBN 978-7-5216-3140-1

Ⅰ.①体… Ⅱ.①法… Ⅲ.①体育法-基本知识-中国 Ⅳ.①D922.16

中国版本图书馆 CIP 数据核字（2022）第 214910 号

责任编辑：黄会丽　　　封面设计　杨泽江

体育法一本通

TIYUFA YIBENTONG

编者/法规应用研究中心

经销/新华书店

印刷/三河市国英印务有限公司

开本/880 毫米×1230 毫米　32 开　　　印张/ 8　字数/ 194 千

版次/2023 年 1 月第 1 版　　　2023 年 1 月第 1 次印刷

中国法制出版社出版

书号 ISBN 978-7-5216-3140-1　　　定价：29.00 元

北京市西城区西便门西里甲 16 号西便门办公区

邮政编码：100053　　　传真：010-63141600

网址：http：//www.zgfzs.com　　　**编辑部电话：010-63141792**

市场营销部电话：010-63141612　　　**印务部电话：010-63141606**

编辑说明

“法律一本通”系列丛书自2005年出版以来，以其科学的体系、实用的内容，深受广大读者的喜爱。2007年、2011年、2014年、2016年、2018年、2019年、2021年我们对其进行了改版，丰富了其内容，增强了其实用性，博得了广大读者的赞誉。

我们秉承“以法释法”的宗旨，在保持原有的体例之上，今年再次对“法律一本通”系列丛书进行改版，以达到“应办案所需，适学习所用”的目标。新版丛书具有以下特点：

1. 丛书以主体法的条文为序，逐条穿插关联的现行有效的法律、行政法规、部门规章、司法解释、请示答复和部分地方规范性文件，以方便读者理解和适用。

2. 丛书紧扣实践和学习两个主题，在目录上标注了重点法条，并在某些重点法条的相关规定之前，对收录的相关文件进行分类，再按分类归纳核心要点，以便读者最便捷地查找使用。

3. 丛书紧扣法律条文，在主法条的相关规定之后附上案例指引，收录最高人民法院、最高人民检察院指导性案例、公报案例以及相关机构公布的典型案例的裁判摘要、案例要旨或案情摘要等。通过相关案例，可以进一步领会和把握法律条文的适用，从而作为解决实际问题的参考。并对案例指引制作索引目录，方便读者查找。

4. 丛书以脚注的形式，对各类法律文件之间或者同一法律文件不同条文之间的适用关系、重点法条疑难之处进行说明，以便读者系统地理解我国现行各个法律部门的规则体系，从而更好地为教学科研和司法实践服务。

5. 丛书结合二维码技术的应用为广大读者提供增值服务，扫描前勒口二维码，即可免费部分使用中国法制出版社推出的【法融】数据库。【法融】数据库中“国家法律法规”栏目便于读者查阅法律文件准确全文及效力的同时，更有部分法律文件权威英文译本等独家资源分享。“最高法指导案例”和“最高检指导案例”两个栏目提供最高人民法院和最高人民检察院指导性案例的全文，为读者提供更多增值服务。

中国法制出版社

2022年12月

目　录

第一章　总　　则

第二章　全民健身

第三章　青少年和学校体育

第四章　竞技体育

第五章 反兴奋剂

第六章 体育组织

第九章 体育仲裁

第十章 监督管理

第十一章　法律责任

第十二章　附　　则

附录一

附录二

案例索引目录

中华人民共和国体育法

（1995年8月29日第八届全国人民代表大会常务委员会第十五次会议通过　根据2009年8月27日第十一届全国人民代表大会常务委员会第十次会议《关于修改部分法律的决定》第一次修正　根据2016年11月7日第十二届全国人民代表大会常务委员会第二十四次会议《关于修改〈中华人民共和国对外贸易法〉等十二部法律的决定》第二次修正　2022年6月24日第十三届全国人民代表大会常务委员会第三十五次会议修订　2022年6月24日中华人民共和国主席令第114号公布　自2023年1月1日起施行）

目　　录

第一章　总　　则

第一条　立法宗旨①

为了促进体育事业，弘扬中华体育精神，培育中华体育文化，发展体育运动，增强人民体质，根据宪法，制定本法。

● 宪　法

1.《**宪法**》（2018年3月11日）

第21条　国家发展医疗卫生事业，发展现代医药和我国传统医药，鼓励和支持农村集体经济组织、国家企业事业组织和街道组织举办各种医疗卫生设施，开展群众性的卫生活动，保护人民健康。

国家发展体育事业，开展群众性的体育活动，增强人民体质。

● 行政法规及文件

2.《**全民健身条例**》（2016年2月6日）

第1条　为了促进全民健身活动的开展，保障公民在全民健身活动中的合法权益，提高公民身体素质，制定本条例。

第二条　增强全民身体素质

体育工作坚持中国共产党的领导，坚持以人民为中心，以全民健身为基础，普及与提高相结合，推动体育事业均衡、充分发展，推进体育强国和健康中国建设。

● 法　律

1.《**基本医疗卫生与健康促进法**》（2019年12月28日）

第75条　国家发展全民健身事业，完善覆盖城乡的全民健

① 条文主旨为编者所加，下同。

身公共服务体系，加强公共体育设施建设，组织开展和支持全民健身活动，加强全民健身指导服务，普及科学健身知识和方法。

国家鼓励单位的体育场地设施向公众开放。

2.《公共文化服务保障法》（2016 年 12 月 25 日）

第 37 条 国家鼓励公民主动参与公共文化服务，自主开展健康文明的群众性文化体育活动；地方各级人民政府应当给予必要的指导、支持和帮助。

居民委员会、村民委员会应当根据居民的需求开展群众性文化体育活动，并协助当地人民政府有关部门开展公共文化服务相关工作。

国家机关、社会组织、企业事业单位应当结合自身特点和需要，组织开展群众性文化体育活动，丰富职工文化生活。

行政法规及文件

3.《全民健身条例》（2016 年 2 月 6 日）

第 2 条 县级以上地方人民政府应当将全民健身事业纳入本级国民经济和社会发展规划，有计划地建设公共体育设施，加大对农村地区和城市社区等基层公共体育设施建设的投入，促进全民健身事业均衡协调发展。

部门规章及文件

4.《体育赛事活动管理办法》（2020 年 1 月 17 日）

第 1 条 为规范体育赛事活动有序开展，促进体育事业健康发展，根据《中华人民共和国体育法》《全民健身条例》以及其他相关法律法规，制定本办法。

5.《社会体育指导员管理办法》（2011 年 10 月 9 日）

第 32 条 社会体育指导员应当坚持科学、文明、安全、诚信的原则，因人、因时、因地制宜，经常开展志愿服务，提高健身者的健身技能和身体素质，推动全民健身活动的开展。

第三条　体育事业纳入发展规划

县级以上人民政府应当将体育事业纳入国民经济和社会发展规划。

● **行政法规及文件**

1.《**全民健身条例**》(2016 年 2 月 6 日)

第 2 条　县级以上地方人民政府应当将全民健身事业纳入本级国民经济和社会发展规划，有计划地建设公共体育设施，加大对农村地区和城市社区等基层公共体育设施建设的投入，促进全民健身事业均衡协调发展。

国家支持、鼓励、推动与人民群众生活水平相适应的体育消费以及体育产业的发展。

2.《**公共文化体育设施条例**》(2003 年 6 月 26 日)

第 9 条　国务院发展和改革行政主管部门应当会同国务院文化行政主管部门、体育行政主管部门，将全国公共文化体育设施的建设纳入国民经济和社会发展计划。

县级以上地方人民政府应当将本行政区域内的公共文化体育设施的建设纳入当地国民经济和社会发展计划。

第四条　体育行政部门

国务院体育行政部门主管全国体育工作。国务院其他有关部门在各自的职责范围内管理相关体育工作。

县级以上地方人民政府体育行政部门主管本行政区域内的体育工作。县级以上地方人民政府其他有关部门在各自的职责范围内管理相关体育工作。

法　律

1.《基本医疗卫生与健康促进法》（2019年12月28日）

第7条　国务院和地方各级人民政府领导医疗卫生与健康促进工作。

国务院卫生健康主管部门负责统筹协调全国医疗卫生与健康促进工作。国务院其他有关部门在各自职责范围内负责有关的医疗卫生与健康促进工作。

县级以上地方人民政府卫生健康主管部门负责统筹协调本行政区域医疗卫生与健康促进工作。县级以上地方人民政府其他有关部门在各自职责范围内负责有关的医疗卫生与健康促进工作。

行政法规及文件

2.《全民健身条例》（2016年2月6日）

第5条　国务院体育主管部门负责全国的全民健身工作，国务院其他有关部门在各自职责范围内负责有关的全民健身工作。

县级以上地方人民政府主管体育工作的部门（以下简称体育主管部门）负责本行政区域内的全民健身工作，县级以上地方人民政府其他有关部门在各自职责范围内负责有关的全民健身工作。

案例指引

1. 某新能源公司、某市教育和体育局体育行政管理（体育）行政纠纷案①

本案中，被上诉人对上诉人从事行政许可事项的活动实施监督，上诉人经营的某市体育中心游泳馆工作人员不配合被上诉人执法人员的执法监督，在上诉人未取得相关许可的情况下，经被上诉人执

① 《某新能源公司、某市教育和体育局体育行政管理（体育）二审行政判决书》，载中国裁判文书网，https://wenshu.court.gov.cn/website/wenshu/181107ANFZ0BXSK4/index.html?docId=94fd26b87e3e433d9fd1abf00186c19e，2022年7月18日访问。

法人员释明，上诉人仍未停止营业，上诉人的不配合行为违反法律规定，被上诉人认定上诉人的行为违反《山东省〈经营高危险性体育项目许可管理办法〉实施细则》第二十九条的规定，并无不当。被上诉人在执法过程中履行了立案、调查询问、对案件进行集体讨论、在作出处罚决定前告知上诉人享有陈述、申辩的权利、作出并送达行政处罚决定等程序，根据《中华人民共和国行政处罚法》第四十条，行政处罚决定书应当在宣告后当场交付当事人；当事人不在场的，行政机关应当在七日内依照民事诉讼法的有关规定，将行政处罚决定书送达当事人。《中华人民共和国民事诉讼法》第八十五条第一款，送达诉讼文书，应当直接送交受送达人。受送达人是公民的，本人不在交他的同住成年家属签收；受送达人是法人或者其他组织的，应当由法人的法定代表人、其他组织的主要负责人或者该法人、其他组织负责收件的人签收；受送达人有诉讼代理人的，可以送交其代理人签收；受送达人已向人民法院指定代收人的，送交代收人签收。以及第八十六条，即受送达人或者他的同住成年家属拒绝接收诉讼文书的，送达人可以邀请有关基层组织或者所在单位的代表到场，说明情况，在送达回证上记明拒收事由和日期，由送达人、见证人签名或者盖章，把诉讼文书留在受送达人的住所；也可以把诉讼文书留在受送达人的住所，并采用拍照、录像等方式记录送达过程，即视为送达。直接送达的对象是法人或其他组织的，其送达签收对象是“法定代表人、主要负责人或者负责收件的人"，有诉讼代理人或指定代收人的，诉讼代理人或代收人也可以作为送达对象。当上述签收对象拒绝签收时，可以适用留置送达。行政机关在送达相关法律文书时，应当要求收件人提供其身份信息及单位委托其收件的证明。本案中，被上诉人在向上诉人送达某体告字2018＊＊＊号行政处罚事先告知书以及某体罚决字2018＊＊＊号行政处罚决定书时，送达回证中载明的受送达人为“张某、齐某”，在无证据证明齐某具有代收法律文书权限的情况下，被上诉人因齐某拒收而留置送达，送达程序轻微违法。但被上诉人的送达行为并未影响上诉人陈述、申辩及提起诉讼等权利，对上诉人的权利未产生实际影响，根据《中华人民共和国行政诉讼法》第七十四条第一款第二项的规定，行政行为有下列情形之一的，人民法院判决确认违法，但不撤销行政行为：（2）行政行为程序轻微违法，但对上诉人权利不产生实际影响的，对于被上诉人作出的行政处罚，依法不应撤销。上诉人在上诉状中的主张，缺乏事实和法律依据，法院不予支持。

2. 周某、夏某与某市人民政府行政批准案①

被上诉人某市政府虽在庭审中辩称其作出的收回土地使用权决定并无损害上诉人合法权益，但对一审判决撤销其作出的被诉第37号决定并没有提出上诉，上诉人吕某等六人对一审法院撤销该决定也没有异议，二审法院予以确认。庭审中，上诉人确认其要求恢复健身活动场、幼儿园、篮球场、停车场、排污、防洪等生活配套设施并非建设在第37号决定收回的14514.9平方米的土地上，而是在某市政府作出某政收字（2003）第35号《关于收回土地使用权的决定》中收回的13579.3平方米的土地上，因此上诉人要求对并非涉及本案收回土地上的建筑物提出要求恢复的请求，显然不属本案审查范围。一审判决认定事实清楚，适用法律正确，依法应予维持。上诉人提出的上诉理由不能成立，二审法院不予采纳。

3. 邓某等与某体育局行政裁定案②

公民、法人、其他组织提起行政诉讼，应当符合法律规定的起诉条件。本案中，某体育局就上诉人邓某等人申请成立“某运动协

---

① 《周某、夏某与某市人民政府行政批准二审行政判决书》，载中国裁判文书网，https：//wenshu. court. gov. cn/website/wenshu/181107ANFZ0BXSK4/index. html? docId = 9ac93d2dbbd14f5888f4dcf61a0c599f，2022年7月18日访问。

② 《邓某等与某体育局二审行政裁定书》，载中国裁判文书网，https：//wenshu. court. gov. cn/website/wenshu/181107ANFZ0BXSK4/index. html? docId = 61c0b38ba5d443d898d3ac4200095507，2022年7月18日访问。

会”作出的“关于暂不作为某运动协会业务主管单位的函”，并非履行行政管理职责，双方并未形成行政法律关系，且某体育局作出的函并未对某项目推广中心、某体育经纪公司、某文化传媒公司、邓某的权利义务产生实际影响，由此产生的争议，不属于人民法院行政诉讼受案范围，某项目推广中心、某体育经纪公司、某文化传媒公司、邓某所提起诉不符合法律规定的起诉条件，依法应当不予立案。

第五条 参与体育活动的权利

国家依法保障公民平等参与体育活动的权利，对未成年人、妇女、老年人、残疾人等参加体育活动的权利给予特别保障。

● 行政法规及文件

《学校体育工作条例》（2017 年 3 月 1 日）

第 3 条 学校体育工作的基本任务是：增进学生身心健康、增强学生体质；使学生掌握体育基本知识，培养学生体育运动能力和习惯；提高学生运动技术水平，为国家培养体育后备人才；对学生进行品德教育，增强组织纪律性，培养学生的勇敢、顽强、进取精神。

第六条 公共体育服务体系

国家扩大公益性和基础性公共体育服务供给，推动基本公共体育服务均等化，逐步健全全民覆盖、普惠共享、城乡一体的基本公共体育服务体系。

● 行政法规及文件

《公共文化体育设施条例》（2003 年 6 月 26 日）

第 4 条 国家有计划地建设公共文化体育设施。对少数民族地区、边远贫困地区和农村地区的公共文化体育设施的建设予以扶持。

第七条 扶持体育事业发展

国家采取财政支持、帮助建设体育设施等措施，扶持革命老区、民族地区、边疆地区、经济欠发达地区体育事业的发展。

● 法 律

1.《公共文化服务保障法》（2016年12月25日）

第8条 国家扶助革命老区、民族地区、边疆地区、贫困地区的公共文化服务，促进公共文化服务均衡协调发展。

第46条 国务院和省、自治区、直辖市人民政府应当增加投入，通过转移支付等方式，重点扶助革命老区、民族地区、边疆地区、贫困地区开展公共文化服务。

国家鼓励和支持经济发达地区对革命老区、民族地区、边疆地区、贫困地区的公共文化服务提供援助。

● 行政法规及文件

2.《公共文化体育设施条例》（2003年6月26日）

第4条 国家有计划地建设公共文化体育设施。对少数民族地区、边远贫困地区和农村地区的公共文化体育设施的建设予以扶持。

第八条 民族传统体育

国家鼓励、支持优秀民族、民间、民俗传统体育项目的发掘、整理、保护、推广和创新，定期举办少数民族传统体育运动会。

● 行政法规及文件

1.《学校体育工作条例》（2017 年 3 月 1 日）

第 4 条 学校体育工作应当坚持普及与提高相结合、体育锻炼与安全卫生相结合的原则，积极开展多种形式的强身健体活动，重视继承和发扬民族传统体育，注意吸取国外学校体育的有益经验，积极开展体育科学研究工作。

2.《全民健身条例》（2016 年 2 月 6 日）

第 16 条 工会、共青团、妇联、残联等社会团体应当结合自身特点，组织成员开展全民健身活动。

单项体育协会应当将普及推广体育项目和组织开展全民健身活动列入工作计划，并对全民健身活动给予指导和支持。

第九条 体育活动原则

开展和参加体育活动，应当遵循依法合规、诚实守信、尊重科学、因地制宜、勤俭节约、保障安全的原则。

第十条 青少年和学校体育优先发展

国家优先发展青少年和学校体育，坚持体育和教育融合，文化学习和体育锻炼协调，体魄与人格并重，促进青少年全面发展。

● 法　律

1.《未成年人保护法》（2020 年 10 月 17 日）

第 25 条 学校应当全面贯彻国家教育方针，坚持立德树人，实施素质教育，提高教育质量，注重培养未成年学生认知能力、合作能力、创新能力和实践能力，促进未成年学生全面发展。

学校应当建立未成年学生保护工作制度，健全学生行为规范，培养未成年学生遵纪守法的良好行为习惯。

2.《公共文化服务保障法》（2016 年 12 月 25 日）

第 10 条 国家鼓励和支持公共文化服务与学校教育相结合，充分发挥公共文化服务的社会教育功能，提高青少年思想道德和科学文化素质。

● 行政法规及文件

3.《学校体育工作条例》（2017 年 3 月 1 日）

第 4 条 学校体育工作应当坚持普及与提高相结合、体育锻炼与安全卫生相结合的原则，积极开展多种形式的强身健体活动，重视继承和发扬民族传统体育，注意吸取国外学校体育的有益经验，积极开展体育科学研究工作。

第 13 条 学校对参加课余体育训练的学生，应当安排好文化课学习，加强思想品德教育，并注意改善他们的营养。普通高等学校对运动水平较高、具有培养前途的学生，报国家教育委员会批准，可适当延长学习年限。

第十一条 体育产业发展

国家支持体育产业发展，完善体育产业体系，规范体育市场秩序，鼓励扩大体育市场供给，拓宽体育产业投融资渠道，促进体育消费。

● 行政法规及文件

《全民健身条例》（2016 年 2 月 6 日）

第 2 条 县级以上地方人民政府应当将全民健身事业纳入本级国民经济和社会发展规划，有计划地建设公共体育设施，加大对农村地区和城市社区等基层公共体育设施建设的投入，促进全民健身事业均衡协调发展。

国家支持、鼓励、推动与人民群众生活水平相适应的体育消费以及体育产业的发展。

第十二条 提高体育科学技术水平

国家支持体育科学研究和技术创新，培养体育科技人才，推广应用体育科学技术成果，提高体育科学技术水平。

● 行政法规及文件

1.**《国家科学技术奖励条例》**（2020年10月7日）

第8条 国家最高科学技术奖授予下列中国公民：

（一）在当代科学技术前沿取得重大突破或者在科学技术发展中有卓越建树的；

（二）在科学技术创新、科学技术成果转化和高技术产业化中，创造巨大经济效益、社会效益、生态环境效益或者对维护国家安全做出巨大贡献的。

国家最高科学技术奖不分等级，每次授予人数不超过2名。

2.**《国家自然科学基金条例》**（2007年2月24日）

第7条 基金管理机构应当根据国民经济和社会发展规划、科学技术发展规划以及科学技术发展状况，制定基金发展规划和年度基金项目指南。基金发展规划应当明确优先发展的领域，年度基金项目指南应当规定优先支持的项目范围。国家自然科学基金应当设立专项资金，用于培养青年科学技术人才。

基金管理机构制定基金发展规划和年度基金项目指南，应当广泛听取高等学校、科学研究机构、学术团体和有关国家机关、企业的意见，组织有关专家进行科学论证。年度基金项目指南应当在受理基金资助项目申请起始之日30日前公布。

第十三条 表彰和奖励

国家对在体育事业发展中做出突出贡献的组织和个人，按照有关规定给予表彰和奖励。

法　律

1.《基本医疗卫生与健康促进法》（2019年12月28日）

第13条　对在医疗卫生与健康事业中做出突出贡献的组织和个人，按照国家规定给予表彰、奖励。

行政法规及文件

2.《全民健身条例》（2016年2月6日）

第7条　对在发展全民健身事业中做出突出贡献的组织和个人，按照国家有关规定给予表彰、奖励。

第14条　每年8月8日全民健身日所在周为体育宣传周。

第十四条　对外体育交往

国家鼓励开展对外体育交往，弘扬奥林匹克精神，支持参与国际体育运动。

对外体育交往坚持独立自主、平等互利、相互尊重的原则，维护国家主权、安全、发展利益和尊严，遵守中华人民共和国缔结或者参加的国际条约。

第十五条　体育宣传周

每年8月8日全民健身日所在周为体育宣传周。

行政法规及文件

《全民健身条例》（2016年2月6日）

第12条　每年8月8日为全民健身日。县级以上人民政府及其有关部门应当在全民健身日加强全民健身宣传。

国家机关、企业事业单位和其他组织应当在全民健身日结合自身条件组织本单位人员开展全民健身活动。

县级以上人民政府体育主管部门应当在全民健身日组织开展

免费健身指导服务。

公共体育设施应当在全民健身日向公众免费开放；国家鼓励其他各类体育设施在全民健身日向公众免费开放。

第二章　全 民 健 身

第十六条　全民健身战略

国家实施全民健身战略，构建全民健身公共服务体系，鼓励和支持公民参加健身活动，促进全民健身与全民健康深度融合。

● 法　律

1.《公共文化服务保障法》（2016 年 12 月 25 日）

第 37 条　国家鼓励公民主动参与公共文化服务，自主开展健康文明的群众性文化体育活动；地方各级人民政府应当给予必要的指导、支持和帮助。

居民委员会、村民委员会应当根据居民的需求开展群众性文化体育活动，并协助当地人民政府有关部门开展公共文化服务相关工作。

国家机关、社会组织、企业事业单位应当结合自身特点和需要，组织开展群众性文化体育活动，丰富职工文化生活。

● 行政法规及文件

2.《国务院办公厅关于加快发展健身休闲产业的指导意见》（2016 年 10 月 25 日）

各省、自治区、直辖市人民政府，国务院各部委、各直属机构：

健身休闲产业是体育产业的重要组成部分，是以体育运动为载体、以参与体验为主要形式、以促进身心健康为目的，向大众提供相关产品和服务的一系列经济活动，涵盖健身服务、设施建设、器材装备制造等业态。当前，我国已进入全面建成小康社会决胜阶段，人民群众多样化体育需求日益增长，消费方式逐渐从实物型消费向参与型消费转变，健身休闲产业面临重大发展机遇。但目前健身休闲产业总体规模不大、产业结构失衡，还存在有效供给不足、大众消费激发不够、基础设施建设滞后、器材装备制造落后、体制机制不活等问题。加快发展健身休闲产业是推动体育产业向纵深发展的强劲引擎，是增强人民体质、实现全民健身和全民健康深度融合的必然要求，是建设“健康中国”的重要内容，对挖掘和释放消费潜力、保障和改善民生、培育新的经济增长点、增强经济增长新动能具有重要意义。为加快健身休闲产业发展，经国务院同意，现提出以下意见。

一、总体要求

（一）指导思想。全面贯彻党的十八大和十八届三中、四中、五中全会精神，按照“四个全面”战略布局，牢固树立和贯彻落实创新、协调、绿色、开放、共享的发展理念，认真落实党中央、国务院决策部署，推进健身休闲产业供给侧结构性改革，提高健身休闲产业发展质量和效益，培育壮大各类市场主体，丰富产品和服务供给，推动健身休闲产业全面健康可持续发展，不断满足大众多层次多样化的健身休闲需求，提升幸福感和获得感，为经济发展新常态下扩大消费需求、拉动经济增长、转变发展方式提供有力支撑和持续动力。

（二）基本原则。

市场主导，创新驱动。充分发挥市场在资源配置中的决定性作用，引导各类市场主体在组织管理、建设运营、研发生产等环节创新理念和模式，提高服务质量，更好满足消费升级的需要。

转变职能，优化环境。大力推进简政放权、放管结合、优化服务改革，着力破解社会资本投资健身休闲产业的“玻璃门”、

“弹簧门”、“旋转门”等问题；加强统筹规划、政策支持、标准引导，改善消费环境，培养健康消费理念，使各类群体有意愿、有条件参与健身休闲。

分类推进，融合发展。分层分类、区别对待，保障大众基本健身休闲需求，促进健身休闲产业多元化发展；遵循产业发展规律，立足全局，促进产业各门类全面发展，统筹协调健身休闲产业与全民健身事业，推进健身休闲与旅游、健康等产业融合互动。

重点突破，力求实效。围绕“一带一路”建设、京津冀协同发展、长江经济带发展三大战略，结合新型城镇化建设、社会主义新农村建设、精准扶贫、棚户区改造等国家重大部署，以健身休闲重点运动项目和产业示范基地等为依托，发挥其辐射和带动效应，促进区域经济发展和民生改善。

（三）发展目标。到 2025 年，基本形成布局合理、功能完善、门类齐全的健身休闲产业发展格局，市场机制日益完善，消费需求愈加旺盛，产业环境不断优化，产业结构日趋合理，产品和服务供给更加丰富，服务质量和水平明显提高，同其他产业融合发展更为紧密，健身休闲产业总规模达到 3 万亿元。

二、完善健身休闲服务体系

（四）普及日常健身。推广适合公众广泛参与的健身休闲项目，加快发展足球、篮球、排球、乒乓球、羽毛球、网球、游泳、徒步、路跑、骑行、棋牌、台球、钓鱼、体育舞蹈、广场舞等普及性广、关注度高、市场空间大的运动项目，保障公共服务供给，引导多方参与。

（五）发展户外运动。制定健身休闲重点运动项目目录，以户外运动为重点，研究制定系列规划，支持具有消费引领性的健身休闲项目发展。

——冰雪运动。以举办 2022 年冬奥会为契机，围绕“三亿人参与冰雪运动”的发展目标，以东北、华北、西北为带动，以大众滑雪、滑冰、冰球等为重点，深入实施“南展西扩”，推动冰雪运动设施建设，全面提升冰雪运动普及程度和产业发展水平。

——山地户外运动。推广登山、攀岩、徒步、露营、拓展等山地户外运动项目，推动山地户外运动场地设施体系建设，形成“三纵三横”（太行山及京杭大运河、西安至成都、青藏公路，丝绸之路、318 国道、长江沿线）山地户外运动布局，完善山地户外运动赛事活动组织体系，加强户外运动指导员队伍建设，完善山地户外运动安全和应急救援体系。

——水上运动。推动公共船艇码头建设和俱乐部发展，积极发展帆船、赛艇、皮划艇、摩托艇、潜水、滑水、漂流等水上健身休闲项目，实施水上运动精品赛事提升计划，依托水域资源，推动形成“两江两海”（长江、珠江，渤海、东海）水上运动产业集聚区。

——汽车摩托车运动。推动汽车露营营地和中小型赛车场建设，利用自然人文特色资源，举办拉力赛、越野赛、集结赛等赛事，组织家庭露营、青少年营地、主题自驾等活动，不断完善赛事活动组织体系，打造“三圈三线”（京津冀、长三角、泛珠三角，北京至深圳、北京至乌鲁木齐、南宁至拉萨）自驾路线和营地网络。

——航空运动。整合航空资源，深化管理改革，合理布局“200 公里航空体育飞行圈”，推动航空飞行营地和俱乐部发展，推广运动飞机、热气球、滑翔、飞机跳伞、轻小型无人驾驶航空器、航空模型等航空运动项目，构建以大众消费为核心的航空体育产品和服务供给体系。

（六）发展特色运动。推动极限运动、电子竞技、击剑、马术、高尔夫等时尚运动项目健康发展，培育相关专业培训市场。

发展武术、龙舟、舞龙舞狮等民族民间健身休闲项目，传承推广民族传统体育项目，加强体育类非物质文化遗产的保护和发展。加强对相关体育创意活动的扶持，鼓励举办以时尚运动为主题的群众性活动。

（七）促进产业互动融合。大力发展体育旅游，制定体育旅游发展纲要，实施体育旅游精品示范工程，编制国家体育旅游重点项目名录。支持和引导有条件的旅游景区拓展体育旅游项目，鼓励国内旅行社结合健身休闲项目和体育赛事活动设计开发旅游产品和路线。推动“体医结合”，加强科学健身指导，积极推广覆盖全生命周期的运动健康服务，发展运动医学和康复医学，发挥中医药在运动康复等方面的特色作用。促进健身休闲与文化、养老、教育、健康、农业、林业、水利、通用航空、交通运输等产业融合发展。

（八）推动“互联网+健身休闲”。鼓励开发以移动互联网、大数据、云计算技术为支撑的健身休闲服务，推动传统健身休闲企业由销售导向向服务导向转变，提升场馆预定、健身指导、运动分析、体质监测、交流互动、赛事参与等综合服务水平。积极推动健身休闲在线平台企业发展壮大，整合上下游企业资源，形成健身休闲产业新生态圈。

三、培育健身休闲市场主体

（九）支持健身休闲企业发展。鼓励具有自主品牌、创新能力和竞争实力的健身休闲骨干企业做大做强，通过管理输出、连锁经营等方式，进一步提升核心竞争力，延伸产业链和利润链，支持具备条件的企业“走出去”，培育一批具有国际竞争力和影响力的领军企业集团。支持企业实现垂直、细分、专业发展，鼓励各类中小微健身休闲企业、运动俱乐部向“专精特新”方向发展，强化特色经营、特色产品和特色服务。发挥多层次资本市场作用，支持符合条件的健身休闲企业上市，加大债券市场对健身休闲企业的支持力度。完善抵质押品登记制度，鼓励金融机构在风险可控的前提下拓宽对健身休闲企业贷款的抵质押品种类和范围。

（十）鼓励创业创新。充分利用运动员创业扶持基金，鼓励退役运动员创业创新，投身健身休闲产业。大力推进商事制度改革，为健身休闲产业提供良好的准入环境。开展体育产业创新创业教育服务平台建设，帮助企业、高校、金融机构有效对接。鼓励各地成立健身休闲产业孵化平台，为健身休闲领域大众创业、万众创新提供支持。

（十一）壮大体育社会组织。推进体育类社会团体、基金会、民办非企业单位等社会组织发展，支持其加强自身建设，健全内部治理结构，增强服务功能。对在城乡社区开展健身休闲活动的社区社会组织，降低准入门槛，加强分类指导和业务指导。鼓励各类社会组织承接政府公共体育服务职能。发挥体育社会组织在营造氛围、组织活动、服务消费者等方面的积极作用。

四、优化健身休闲产业结构和布局

（十二）改善产业结构。优化健身休闲服务业、器材装备制造业及相关产业结构，着力提升服务业比重。实施健身服务精品工程，打造一批优秀健身休闲俱乐部、场所和品牌活动。结合各级体育产业基地建设，培育一批以健身休闲服务为核心的体育产业示范基地、单位和项目。发挥重大体育旅游项目的引领带动作用，发展一批体育旅游示范基地。拓宽健身休闲服务贸易领域，探索在自由贸易试验区开展健身休闲产业政策试点，鼓励地方积极培育一批以健身休闲为特色的服务贸易示范区。

（十三）打造地区特色。组织开展山水运动资源调查、民族传统体育资源调查，摸清发展健身休闲产业的自然、人文基础条件。各地要因地制宜，合理布局，错位发展，在保护自然资源和生态环境的基础上，充分利用冰雪、森林、湖泊、江河、湿地、山地、草原、戈壁、沙漠、滨海等独特的自然资源和传统体育人文资源，打造各具特色的健身休闲集聚区和产业带。积极推进资源相近、产业互补、供需对接的区域联动发展，形成东、中、西部良性互动发展格局。

五、加强健身休闲设施建设

（十四）完善健身休闲基础设施网络。严格执行城市居住区规划设计等标准规范有关配套建设健身设施的要求，并实现同步设计、同步施工、同步投入。科学规划健身休闲项目的空间布局，适当增加健身休闲设施用地和配套设施配建比例，充分合理利用公园绿地、城市空置场所、建筑物屋顶、地下室等区域，重点建设一批便民利民的社区健身休闲设施，形成城市 15 分钟健身圈。鼓励健身休闲设施与住宅、文化、商业、娱乐等综合开发，打造健身休闲服务综合体。

（十五）盘活用好现有体育场馆资源。加快推进企事业单位等体育设施向社会开放。推动有条件的学校体育场馆设施在课后和节假日对本校学生和公众有序开放。通过公共体育设施免费或合理收费开放等措施增加供给，满足基本健身需求。通过管办分离、公建民营等模式，推行市场化商业运作，满足多层次健身消费需求。各类健身休闲场所的水、电、气、热价格按不高于一般工业标准执行。落实体育场馆房产税和城镇土地使用税优惠政策。

（十六）加强特色健身休闲设施建设。结合智慧城市、绿色出行，规划建设城市步行和自行车交通体系。充分挖掘水、陆、空资源，研究打造国家步道系统和自行车路网，重点建设一批山地户外营地、徒步骑行服务站、自驾车房车营地、运动船艇码头、航空飞行营地等健身休闲设施。鼓励和引导旅游景区、旅游度假区、乡村旅游区等根据自身特点，建设特色健身休闲设施。

六、提升健身休闲器材装备研发制造能力

（十七）推动转型升级。支持企业、用户单位、科研单位、社会组织等组建跨行业产业联盟，鼓励健身休闲器材装备制造企业向服务业延伸发展，形成全产业链优势。鼓励企业通过海外并购、合资合作、联合开发等方式，提升冰雪运动、山地户外运动、水上运动、汽车摩托车运动、航空运动等器材装备制造水平。结合传统制造业去产能，引导企业进军健身休闲装备制造领域。

（十八）增强自主创新能力。鼓励企业加大研发投入，提高关键技术和产品的自主创新能力，积极参与高新技术企业认定。支持企业利用互联网技术对接健身休闲个性化需求，根据不同人群，尤其是青少年、老年人的需要，研发多样化、适应性强的健身休闲器材装备。研制新型健身休闲器材装备、可穿戴式运动设备、虚拟现实运动装备等。鼓励与国际领先企业合作设立研发机构，加快对国外先进技术的吸收转化。

（十九）加强品牌建设。支持企业创建和培育自主品牌，提升健身休闲器材装备的附加值和软实力。鼓励企业与各级各类运动项目协会等体育组织开展合作，通过赛事营销等模式，提高品牌知名度。推动优势品牌企业实施国际化发展战略，扩大国际影响力。

七、改善健身休闲消费环境

（二十）深挖消费潜力。开展各类群众性体育活动，合理编排职业联赛赛程，丰富节假日体育赛事供给，发挥体育明星和运动达人示范作用，激发大众健身休闲消费需求。积极推行《国家体育锻炼标准》、业余运动等级标准、业余赛事等级标准，增强健身休闲消费粘性。推动体育部门、体育社会组织、专业体育培训机构等与各类学校合作，提供专业支持，培养青少年体育爱好和运动技能。

（二十一）完善消费政策。鼓励健身休闲企业与金融机构合作，试点发行健身休闲联名银行卡，实施特惠商户折扣。支持各地创新健身休闲消费引导机制。引导保险公司根据健身休闲运动特点和不同年龄段人群身体状况，开发场地责任保险、运动人身意外伤害保险。积极推动青少年参加体育活动相关责任保险发展。

（二十二）引导消费理念。加大宣传力度，普及科学健身知识。鼓励制作和播出国产健身休闲类节目，支持形式多样的体育题材文艺创作。鼓励发展多媒体广播电视、网络广播电视、手机应用程序（APP）等体育传媒新业态，促进消费者利用各类社交平台互动交流，提升消费体验。

八、加强组织实施

（二十三）持续推动“放管服”改革。加快政府职能转变，大幅度削减健身休闲活动相关审批事项，实施负面清单管理，促进空域水域开放。推进体育行业协会改革，加强事中事后监管，完善相关安保服务标准，加强行业信用体系建设。完善政务发布平台、信息交互平台、展览展示平台、资源交易平台。

（二十四）优化规划和土地利用政策。积极引导健身休闲产业用地控制规模、科学选址，并将相关用地纳入地方各级土地利用总体规划中合理安排。对符合土地利用总体规划、城乡规划、环保规划等相关规划的重大健身休闲项目，要本着应保尽保的原则及时安排新增建设用地计划指标。对使用荒山、荒地、荒滩及石漠化、边远海岛土地建设的健身休闲项目，优先安排新增建设用地计划指标，出让底价可按不低于土地取得成本、土地前期开发成本和按规定应收取相关费用之和的原则确定。在土地利用总体规划确定的城市和村庄、集镇建设用地范围外布局的重大健身休闲项目，可按照单独选址项目安排用地。利用现有健身休闲设施用地、房产增设住宿、餐饮、娱乐等商业服务设施的，经批准可以协议方式办理用地手续。鼓励以长期租赁、先租后让、租让结合方式供应健身休闲项目建设用地。支持农村集体经济组织自办或以土地使用权入股、联营等方式参与健身休闲项目。

（二十五）完善投入机制。加快推动设立由社会资本筹资的体育产业投资基金，引导社会力量参与健身休闲产业。鼓励社会资本以市场化方式设立健身休闲产业发展投资基金。推动开展政府和社会资本合作示范，符合条件的项目可申请政府和社会资本合作融资支持基金的支持。进一步健全政府购买公共体育服务的体制机制。运用彩票公益金对健身休闲相关项目给予必要资助。鼓励地方通过体育产业引导资金等渠道对健身休闲产业予以必要支持。鼓励符合条件的企业发行企业债券，募集资金用于健身休闲产业项目的建设。

（二十六）加强人才保障。鼓励校企合作，培养各类健身休闲项目经营策划、运营管理、技能操作等应用型专业人才。加强从业人员职业培训，提高健身休闲场所工作人员的服务水平和专业技能。完善体育人才培养开发、流动配置、激励保障机制，支持专业教练员投身健身休闲产业。加强社会体育指导员队伍建设，充分发挥其对群众参与健身休闲的服务和引领作用。加强健身休闲人才培育的国际交流与合作。

（二十七）完善标准和统计制度。全面推动健身休闲标准体系建设，制定健身休闲服务规范和质量标准，在服务提供、技能培训、活动管理、设施建设、器材装备制造等各方面提高健身休闲产业标准化水平。引导和鼓励企业积极参与行业和国家标准制定。以国家体育产业统计分类为基础，完善健身休闲产业统计制度和指标体系，建立健身休闲产业监测机制。

（二十八）健全工作机制。建立体育、发展改革、旅游等多部门合作的健身休闲产业发展工作协调机制，及时分析健身休闲产业发展情况，解决存在的问题，落实惠及健身休闲产业的文化、旅游等相关政策。各地要把发展健身休闲产业纳入国民经济和社会发展规划，鼓励有条件的地方编制健身休闲发展专项规划。各级体育行政部门要加强职能建设，充实体育产业工作力量，推动健身休闲产业发展。

（二十九）强化督查落实。各地各有关部门要根据本意见要求，结合实际情况，抓紧制定具体实施意见和配套政策。体育总局、国家发展改革委、国家旅游局要会同有关部门对落实本意见的情况进行监督检查和跟踪分析，重大事项及时向国务院报告。

3.**《全民健身条例》**（2016 年 2 月 6 日）

第 1 条 为了促进全民健身活动的开展，保障公民在全民健身活动中的合法权益，提高公民身体素质，制定本条例。

第 4 条 公民有依法参加全民健身活动的权利。

地方各级人民政府应当依法保障公民参加全民健身活动的权利。

4.**《公共文化体育设施条例》**（2003 年 6 月 26 日）

第 3 条 公共文化体育设施管理单位必须坚持为人民服务、为社会主义服务的方向，充分利用公共文化体育设施，传播有益于提高民族素质、有益于经济发展和社会进步的科学技术和文化知识，开展文明、健康的文化体育活动。

任何单位和个人不得利用公共文化体育设施从事危害公共利益的活动。

第十七条　科学健身理念

国家倡导公民树立和践行科学健身理念，主动学习健身知识，积极参加健身活动。

● 法　律

1.**《基本医疗卫生与健康促进法》**（2019 年 12 月 28 日）

第 69 条 公民是自己健康的第一责任人，树立和践行对自己健康负责的健康管理理念，主动学习健康知识，提高健康素养，加强健康管理。倡导家庭成员相互关爱，形成符合自身和家庭特点的健康生活方式。

公民应当尊重他人的健康权利和利益，不得损害他人健康和社会公共利益。

● 行政法规及文件

2.《全民健身条例》（2016 年 2 月 6 日）

第 1 条 为了促进全民健身活动的开展，保障公民在全民健身活动中的合法权益，提高公民身体素质，制定本条例。

第 4 条 公民有依法参加全民健身活动的权利。

地方各级人民政府应当依法保障公民参加全民健身活动的权利。

第 18 条 鼓励全民健身活动站点、体育俱乐部等群众性体育组织开展全民健身活动，宣传科学健身知识；县级以上人民政府体育主管部门和其他有关部门应当给予支持。

第 20 条 广播电台、电视台、报刊和互联网站等应当加强对全民健身活动的宣传报道，普及科学健身知识，增强公民健身意识。

第 33 条 国家鼓励全民健身活动组织者和健身场所管理者依法投保有关责任保险。

国家鼓励参加全民健身活动的公民依法投保意外伤害保险。

第十八条 全民健身计划

国家推行全民健身计划，制定和实施体育锻炼标准，定期开展公民体质监测和全民健身活动状况调查，开展科学健身指导工作。

国家建立全民健身工作协调机制。

县级以上人民政府应当定期组织有关部门对全民健身计划实施情况进行评估，并将评估情况向社会公开。

● 行政法规及文件

《全民健身条例》（2016 年 2 月 6 日）

第 9 条 国家定期开展公民体质监测和全民健身活动状况调查。

公民体质监测由国务院体育主管部门会同有关部门组织实施；其中，对学生的体质监测由国务院教育主管部门组织实施。

全民健身活动状况调查由国务院体育主管部门组织实施。

第 31 条 国家加强社会体育指导人员队伍建设，对全民健身活动进行科学指导。

国家对不以收取报酬为目的向公众提供传授健身技能、组织健身活动、宣传科学健身知识等服务的社会体育指导人员实行技术等级制度。县级以上地方人民政府体育主管部门应当免费为其提供相关知识和技能培训，并建立档案。

国家对以健身指导为职业的社会体育指导人员实行职业资格证书制度。以对高危险性体育项目进行健身指导为职业的社会体育指导人员，应当依照国家有关规定取得职业资格证书。

第十九条 社会体育指导员制度

国家实行社会体育指导员制度。社会体育指导员对全民健身活动进行指导。

社会体育指导员管理办法由国务院体育行政部门规定。

● 部门规章及文件

《社会体育指导员管理办法》（2011 年 10 月 9 日）

第 3 条 国家对社会体育指导员实行技术等级制度。

社会体育指导员技术等级称号由低到高分为：三级社会体育指导员、二级社会体育指导员、一级社会体育指导员、国家级社会体育指导员。

第37条　建立社会体育指导员荣誉奖章制度。国家体育总局对连续开展志愿服务二十年、十五年和十年，为全民健身事业做出突出贡献的社会体育指导员，分别授予社会体育指导员金质奖章、银质奖章和铜质奖章。

案例指引

某户外运动公司、陈某合同纠纷案①

某户外运动公司法定代表人陈某杰收取陈某费用并指导陈某滑翔伞教学的行为效力如何认定。《中华人民共和国体育法》规定我国实行社会体育指导员技术等级制度。根据上述规定，相关部门制定了管理办法，对开展滑翔伞运动及教练员等级资格作了相应的规定。虽然体育法的规定较为原则，但滑翔伞运动作为具有高度危险性的体育项目，如对教学资质不加限制将严重损害社会公共利益，且某户外运动公司的经营范围不包括滑翔伞运动教学，某户外运动公司法定代表人陈某杰二审中亦认可其并没有从事滑翔伞培训和教育教学的教练员资质，故某户外运动公司依法不能开展滑翔伞教学活动，某户外运动公司从事滑翔伞教学活动并收取费用的行为属于无效法律行为。

第二十条　支持和保障全民健身活动

地方各级人民政府和有关部门应当为全民健身活动提供必要的条件，支持、保障全民健身活动的开展。

法　律

1.**《公共文化服务保障法》**（2016年12月25日）

第37条　国家鼓励公民主动参与公共文化服务，自主开展

---

① 《某户外运动公司、陈某合同纠纷二审民事判决书》，载中国裁判文书网，https://wenshu.court.gov.cn/website/wenshu/181107ANFZ0BXSK4/index.html?docId=e04f270719ba48938d91abb500af3c6f，2022年6月30日访问。

健康文明的群众性文化体育活动；地方各级人民政府应当给予必要的指导、支持和帮助。

居民委员会、村民委员会应当根据居民的需求开展群众性文化体育活动，并协助当地人民政府有关部门开展公共文化服务相关工作。

国家机关、社会组织、企业事业单位应当结合自身特点和需要，组织开展群众性文化体育活动，丰富职工文化生活。

第 38 条 地方各级人民政府应当加强面向在校学生的公共文化服务，支持学校开展适合在校学生特点的文化体育活动，促进德智体美教育。

● 行政法规及文件

2. **《全民健身条例》**（2016 年 2 月 6 日）

第 2 条 县级以上地方人民政府应当将全民健身事业纳入本级国民经济和社会发展规划，有计划地建设公共体育设施，加大对农村地区和城市社区等基层公共体育设施建设的投入，促进全民健身事业均衡协调发展。

国家支持、鼓励、推动与人民群众生活水平相适应的体育消费以及体育产业的发展。

第 17 条 基层文化体育组织、居民委员会和村民委员会应当组织居民开展全民健身活动，协助政府做好相关工作。

第 23 条 基层文化体育组织、学校、家庭应当加强合作，支持和引导学生参加校外体育活动。

青少年活动中心、少年宫、妇女儿童中心等应当为学生开展体育活动提供便利。

3. **《公共文化体育设施条例》**（2003 年 6 月 26 日）

第 17 条 公共文化体育设施应当根据其功能、特点向公众开放，开放时间应当与当地公众的工作时间、学习时间适当错开。

公共文化体育设施的开放时间，不得少于省、自治区、直辖市规定的最低时限。国家法定节假日和学校寒暑假期间，应当适当延长开放时间。

学校寒暑假期间，公共文化体育设施管理单位应当增设适合学生特点的文化体育活动。

第二十一条 群团组织开展全民健身活动

国家机关、企业事业单位和工会、共产主义青年团、妇女联合会、残疾人联合会等群团组织应当根据各自特点，组织开展日常体育锻炼和各级各类体育运动会等全民健身活动。

宪　法

1.《宪法》（2018 年 3 月 11 日）

第 21 条　国家发展医疗卫生事业，发展现代医药和我国传统医药，鼓励和支持农村集体经济组织、国家企业事业组织和街道组织举办各种医疗卫生设施，开展群众性的卫生活动，保护人民健康。

国家发展体育事业，开展群众性的体育活动，增强人民体质。

法　律

2.《公共文化服务保障法》（2016 年 12 月 25 日）

第 37 条　国家鼓励公民主动参与公共文化服务，自主开展健康文明的群众性文化体育活动；地方各级人民政府应当给予必要的指导、支持和帮助。

居民委员会、村民委员会应当根据居民的需求开展群众性文化体育活动，并协助当地人民政府有关部门开展公共文化服务相关工作。

国家机关、社会组织、企业事业单位应当结合自身特点和需要，组织开展群众性文化体育活动，丰富职工文化生活。

● 行政法规及文件

3.《全民健身条例》（2016 年 2 月 6 日）

第 15 条 国家机关、企业事业单位和其他组织应当组织本单位人员开展工间（前）操和业余健身活动；有条件的，可以举办运动会，开展体育锻炼测验、体质测定等活动。

● 部门规章及文件

4.《社会体育指导员管理办法》（2011 年 10 月 9 日）

第 31 条 社会体育指导员在基层文化体育组织、群众性体育组织或国家机关、企业事业单位和其他有关组织中开展志愿服务。

第二十二条 社区组织开展全民健身活动

居民委员会、村民委员会以及其他社区组织应当结合实际，组织开展全民健身活动。

● 法 律

1.《公共文化服务保障法》（2016 年 12 月 25 日）

第 30 条 基层综合性文化服务中心应当加强资源整合，建立完善公共文化服务网络，充分发挥统筹服务功能，为公众提供书报阅读、影视观赏、戏曲表演、普法教育、艺术普及、科学普及、广播播送、互联网上网和群众性文化体育活动等公共文化服务，并根据其功能特点，因地制宜提供其他公共服务。

第 37 条 国家鼓励公民主动参与公共文化服务，自主开展健康文明的群众性文化体育活动；地方各级人民政府应当给予必要的指导、支持和帮助。

居民委员会、村民委员会应当根据居民的需求开展群众性文化体育活动，并协助当地人民政府有关部门开展公共文化服务相关工作。

国家机关、社会组织、企业事业单位应当结合自身特点和需要，组织开展群众性文化体育活动，丰富职工文化生活。

第 38 条 地方各级人民政府应当加强面向在校学生的公共文化服务，支持学校开展适合在校学生特点的文化体育活动，促进德智体美教育。

第 39 条 地方各级人民政府应当支持军队基层文化建设，丰富军营文化体育活动，加强军民文化融合。

行政法规及文件

2.《**全民健身条例**》（2016 年 2 月 6 日）

第 17 条 基层文化体育组织、居民委员会和村民委员会应当组织居民开展全民健身活动，协助政府做好相关工作。

第 23 条 基层文化体育组织、学校、家庭应当加强合作，支持和引导学生参加校外体育活动。

青少年活动中心、少年宫、妇女儿童中心等应当为学生开展体育活动提供便利。

第二十三条 为全民健身活动提供便利和保障

全社会应当关心和支持未成年人、妇女、老年人、残疾人参加全民健身活动。各级人民政府应当采取措施，为未成年人、妇女、老年人、残疾人安全参加全民健身活动提供便利和保障。

法 律

1.《**基本医疗卫生与健康促进法**》（2019 年 12 月 28 日）

第 36 条 各级各类医疗卫生机构应当分工合作，为公民提供预防、保健、治疗、护理、康复、安宁疗护等全方位全周期的医疗卫生服务。

各级人民政府采取措施支持医疗卫生机构与养老机构、儿童福利机构、社区组织建立协作机制，为老年人、孤残儿童提供安全、便捷的医疗和健康服务。

2.《老年人权益保障法》（2018 年 12 月 29 日）

第 37 条 地方各级人民政府和有关部门应当采取措施，发展城乡社区养老服务，鼓励、扶持专业服务机构及其他组织和个人，为居家的老年人提供生活照料、紧急救援、医疗护理、精神慰藉、心理咨询等多种形式的服务。

对经济困难的老年人，地方各级人民政府应当逐步给予养老服务补贴。

第 38 条 地方各级人民政府和有关部门、基层群众性自治组织，应当将养老服务设施纳入城乡社区配套设施建设规划，建立适应老年人需要的生活服务、文化体育活动、日间照料、疾病护理与康复等服务设施和网点，就近为老年人提供服务。

发扬邻里互助的传统，提倡邻里间关心、帮助有困难的老年人。

鼓励慈善组织、志愿者为老年人服务。倡导老年人互助服务。

第 39 条 各级人民政府应当根据经济发展水平和老年人服务需求，逐步增加对养老服务的投入。

各级人民政府和有关部门在财政、税费、土地、融资等方面采取措施，鼓励、扶持企业事业单位、社会组织或者个人兴办、运营养老、老年人日间照料、老年文化体育活动等设施。

3.《残疾人保障法》（2018 年 10 月 26 日）

第 7 条 全社会应当发扬人道主义精神，理解、尊重、关心、帮助残疾人，支持残疾人事业。

国家鼓励社会组织和个人为残疾人提供捐助和服务。

国家机关、社会团体、企业事业单位和城乡基层群众性自治组织，应当做好所属范围内的残疾人工作。

从事残疾人工作的国家工作人员和其他人员，应当依法履行职责，努力为残疾人服务。

第54条 国家采取措施，为残疾人信息交流无障碍创造条件。

各级人民政府和有关部门应当采取措施，为残疾人获取公共信息提供便利。

国家和社会研制、开发适合残疾人使用的信息交流技术和产品。

国家举办的各类升学考试、职业资格考试和任职考试，有盲人参加的，应当为盲人提供盲文试卷、电子试卷或者由专门的工作人员予以协助。

4. **《公共文化服务保障法》**（2016年12月25日）

第9条 各级人民政府应当根据未成年人、老年人、残疾人和流动人口等群体的特点与需求，提供相应的公共文化服务。

第三章 青少年和学校体育

第二十四条 青少年和学校体育活动促进计划

国家实行青少年和学校体育活动促进计划，健全青少年和学校体育工作制度，培育、增强青少年体育健身意识，推动青少年和学校体育活动的开展和普及，促进青少年身心健康和体魄强健。

法 律

1. **《公共文化服务保障法》**（2016年12月25日）

第38条 地方各级人民政府应当加强面向在校学生的公共

文化服务，支持学校开展适合在校学生特点的文化体育活动，促进德智体美教育。

● 行政法规及文件

2.《国务院办公厅关于强化学校体育促进学生身心健康全面发展的意见》（2016年4月21日）

各省、自治区、直辖市人民政府，国务院各部委、各直属机构：

强化学校体育是实施素质教育、促进学生全面发展的重要途径，对于促进教育现代化、建设健康中国和人力资源强国，实现中华民族伟大复兴的中国梦具有重要意义。党中央、国务院高度重视学校体育，党的十八届三中全会作出了强化体育课和课外锻炼的重要部署，国务院对加强学校体育提出明确要求。近年来，各地、各部门不断出台政策措施，加快推进学校体育，大力开展阳光体育运动，学校体育工作取得积极进展。但总体上看，学校体育仍是整个教育事业相对薄弱的环节，对学校体育重要性认识不足、体育课和课外活动时间不能保证、体育教师短缺、场地设施缺乏等问题依然突出，学校体育评价机制亟待建立，社会力量支持学校体育不够，学生体质健康水平仍是学生素质的明显短板。为进一步推动学校体育改革发展，促进学生身心健康、体魄强健，经国务院同意，现提出如下意见：

一、总体要求

（一）指导思想。全面贯彻落实党的十八大、十八届三中、四中、五中全会和习近平总书记系列重要讲话精神，全面贯彻党的教育方针，按照《国家中长期教育改革和发展规划纲要（2010—2020年）》的要求，以“天天锻炼、健康成长、终身受益”为目标，改革创新体制机制，全面提升体育教育质量，健全学生人格品质，切实发挥体育在培育和践行社会主义核心价值观、推进素质教育中的综合作用，培养德智体美全面发展的社会主义建设者和接班人。

（二）基本原则。

坚持课堂教学与课外活动相衔接。保证课程时间，提升课堂教学效果，强化课外练习和科学锻炼指导，调动家庭、社区和社会组织的积极性，确保学生每天锻炼一小时。

坚持培养兴趣与提高技能相促进。遵循教育和体育规律，以兴趣为引导，注重因材施教和快乐参与，重视运动技能培养，逐步提高运动水平，为学生养成终身体育锻炼习惯奠定基础。

坚持群体活动与运动竞赛相协调。面向全体学生，广泛开展普及性体育活动，有序开展课余训练和运动竞赛，积极培养体育后备人才，大力营造校园体育文化，全面提高学生体育素养。

坚持全面推进与分类指导相结合。强化政府责任，统一基本标准，因地因校制宜，积极稳妥推进，鼓励依据民族特色和地方传统，大胆探索创新，不断提高学校体育工作水平。

（三）工作目标。到2020年，学校体育办学条件总体达到国家标准，体育课时和锻炼时间切实保证，教学、训练与竞赛体系基本完备，体育教学质量明显提高；学生体育锻炼习惯基本养成，运动技能和体质健康水平明显提升，规则意识、合作精神和意志品质显著增强；政府主导、部门协作、社会参与的学校体育推进机制进一步完善，基本形成体系健全、制度完善、充满活力、注重实效的中国特色学校体育发展格局。

二、深化教学改革，强化体育课和课外锻炼

（四）完善体育课程。以培养学生兴趣、养成锻炼习惯、掌握运动技能、增强学生体质为主线，完善国家体育与健康课程标准，建立大中小学体育课程衔接体系。各地中小学校要按照国家课程方案和课程标准开足开好体育课程，严禁削减、挤占体育课时间。有条件的地方可为中小学增加体育课时。高等学校要为学生开好体育必修课或选修课。科学安排课程内容，在学生掌握基本运动技能的基础上，根据学校自身情况，开展运动项目教学，提高学生专项运动能力。大力推动足球、篮球、排球等集体项目，积极推进田径、游泳、体操等基础项目及冰雪运动等特色项目，广泛开展乒乓球、羽毛球、武术等优势项目。进一步挖掘整理民族民间体育，充实和丰富体育课程内容。

（五）提高教学水平。体育教学要加强健康知识教育，注重运动技能学习，科学安排运动负荷，重视实践练习。研究制定运动项目教学指南，让学生熟练掌握一至两项运动技能，逐步形成“一校一品”、“一校多品”教学模式，努力提高体育教学质量。关注学生体育能力和体质水平差异，做到区别对待、因材施教。研究推广适合不同类型残疾学生的体育教学资源，提高特殊教育学校和对残疾学生的体育教学质量，保证每个学生接受体育教育的权利。支持高等学校牵头组建运动项目全国教学联盟，为中小学开展教改试点提供专业支撑，促进中小学提升体育教学水平。充分利用现代信息技术手段，开发和创新体育教学资源，不断增强教学吸引力。鼓励有条件的单位设立全国学校体育研究基地，开展理论和实践研究，提高学校体育科学化水平。

（六）强化课外锻炼。健全学生体育锻炼制度，学校要将学生在校内开展的课外体育活动纳入教学计划，列入作息时间安排，与体育课教学内容相衔接，切实保证学生每天一小时校园体育活动落到实处。幼儿园要遵循幼儿年龄特点和身心发展规律，开展丰富多彩的体育活动。中小学校要组织学生开展大课间体育活动，寄宿制学校要坚持每天出早操。高等学校要通过多种形式组织学生积极参加课外体育锻炼。职业学校在学生顶岗实习期间，要注意安排学生的体育锻炼时间。鼓励学生积极参加校外全民健身运动，中小学校要合理安排家庭“体育作业”，家长要支持学生参加社会体育活动，社区要为学生体育活动创造便利条件，逐步形成家庭、学校、社区联动，共同指导学生体育锻炼的机制。组织开展全国学校体育工作示范校创建活动，各地定期开展阳光体育系列活动和“走下网络、走出宿舍、走向操场”主题群众性课外体育锻炼活动，坚持每年开展学生冬季长跑等群体性活动，形成覆盖校内外的学生课外体育锻炼体系。

三、注重教体结合，完善训练和竞赛体系

（七）开展课余训练。学校应通过组建运动队、代表队、俱乐部和兴趣小组等形式，积极开展课余体育训练，为有体育特长的学生提供成才路径，为国家培养竞技体育后备人才奠定基础。要根据学生年龄特点和运动训练规律，科学安排训练计划，妥善处理好文化课学习和训练的关系，全面提高学生身体素质，打好专项运动能力基础，不断提高课余运动训练水平。办好体育传统项目学校，充分发挥其引领示范作用。

（八）完善竞赛体系。建设常态化的校园体育竞赛机制，广泛开展班级、年级体育比赛，学校每年至少举办一次综合性运动会或体育节，通过丰富多彩的校园体育竞赛，吸引广大学生积极参加体育锻炼。制定学校体育课余训练与竞赛管理办法，完善和规范学生体育竞赛体制，构建县、市、省、国家四级竞赛体系。各地要在整合赛事资源的基础上，系统设计并构建相互衔接的学生体育竞赛体系，积极组织开展区域内竞赛活动，定期举办综合性学生运动会。推动开展跨区域学校体育竞赛活动，全国学生运动会每三年举办一届。通过完善竞赛选拔机制，畅通学生运动员进入各级专业运动队、代表队的渠道。

四、增强基础能力，提升学校体育保障水平

（九）加强体育教师队伍建设。加强师德建设，增强广大体育教师特别是乡村体育教师的职业荣誉感，坚定长期致力于体育教育事业的理想与信心。各地要利用现有政策和渠道，按标准配齐体育教师和体育教研人员。办好高等学校体育教育专业，培养合格体育教师。鼓励优秀教练员、退役运动员、社会体育指导员、有体育特长的志愿人员兼任体育教师。实施体育教师全员培训，着力培养一大批体育骨干教师和体育名师等领军人才，中小学教师国家级培训计划（国培计划）重点加强中西部乡村教师培训，提升特殊教育体育教师水平。科学合理确定体育教师工作量，把组织开展课外活动、学生体质健康测试、课余训练、比赛等纳入教学工作量。保障体育教师在职称（职务）评聘、福利待遇、评优表彰、晋级晋升等方面与其他学科教师同等待遇。高等学校要完善符合体育学科特点的体育教师工作考核和职称（职务）评聘办法。

（十）推进体育设施建设。各地要按照学校建设标准、设计规范，充分利用多种资金渠道，加大对学校体育设施建设的支持力度。把学校体育设施列为义务教育学校标准化建设的重要内容，以保基本、兜底线为原则，建设好学校体育场地设施、配好体育器材，为体育教师配备必要的教学装备。进一步完善制度，积极推动公共体育场馆设施为学校体育提供服务，向学生免费或优惠开放，推动有条件的学校体育场馆设施在课后和节假日对本校师生和公众有序开放，充分利用青少年活动中心、少年宫、户外营地等资源开展体育活动。

（十一）完善经费投入机制。各级政府要切实加大学校体育经费投入力度，地方各级人民政府在安排财政转移支付资金和本级财力时要对学校体育给予倾斜。各级教育部门要根据需求将学校体育工作经费纳入年度预算，学校要保障体育工作的经费需求。鼓励和引导社会资金支持发展学校体育，多渠道增加学校体育投入。

（十二）健全风险管理机制。健全学校体育运动伤害风险防范机制，保障学校体育工作健康有序开展。对学生进行安全教育，培养学生安全意识和自我保护能力，提高学生的伤害应急处置和救护能力。加强校长、教师及有关管理人员培训，提高学校体育从业人员运动风险管理意识和能力。学校应当根据体育器材设施及场地的安全风险进行分类管理，定期开展检查，有安全风险的应当设立明显警示标志和安全提示。完善校方责任险，探索建立涵盖体育意外伤害的学生综合保险机制。鼓励各地政府试点推行学生体育安全事故第三方调解办法。

（十三）整合各方资源支持学校体育。完善政策措施，采取政府购买体育服务等方式，逐步建立社会力量支持学校体育发展的长效机制，引导技术、人才等资源服务学校体育教学、训练和竞赛等活动。鼓励专业运动队、职业体育俱乐部定期组织教练员、运动员深入学校指导开展有关体育活动。支持学校与科研院所、社会团体、企业等开展广泛合作，提升学校体育工作水平。加深同港澳台青少年体育活动的合作。加强学校体育国际交流。

五、加强评价监测，促进学校体育健康发展

（十四）完善考试评价办法。构建课内外相结合、各学段相衔接的学校体育考核评价体系，完善和规范体育运动项目考核和学业水平考试，发挥体育考试的导向作用。体育课程考核要突出过程管理，从学生出勤、课堂表现、健康知识、运动技能、体质健康、课外锻炼、参与活动情况等方面进行全面评价。中小学要把学生参加体育活动情况、学生体质健康状况和运动技能等级纳入初中、高中学业水平考试，纳入学生综合素质评价体系。各地要根据实际，科学确定初中毕业升学体育考试分值或等第要求。实施高考综合改革试点的省（区、市），在高校招生录取时，把学生体育情况作为综合素质评价的重要内容。学校体育测试要充分考虑残疾学生的特殊情况，体现人文关怀。修订体育教育本科专业学生普通高考体育测试办法，提高体育技能考核要求。制定普通高校高水平运动队建设实施意见，规范高水平运动员招生。

（十五）加强体育教学质量监测。明确体育课程学业质量要求，制定学生运动项目技能等级评定标准和高等学校体育学类专业教学质量国家标准，促进学校体育教学质量稳步提升。建立中小学体育课程实施情况监测制度，定期开展体育课程国家基础教育质量监测。建立健全学生体质健康档案，严格执行《国家学生体质健康标准》，将其实施情况作为构建学校体育评价机制的重要基础，确保测试数据真实性、完整性和有效性。鼓励各地运用现代化手段对体育课质量进行监测、监控或对开展情况进行公示。

六、组织实施

（十六）加强组织领导。各地要把学校体育工作纳入经济社会发展规划，加强统筹协调，落实管理责任，并结合当地实际，研究制定加强学校体育工作的具体实施方案，切实抓紧抓好。进一步加强青少年体育工作部际联席会议制度，强化国务院有关部门在加强青少年体育工作中的责任，按照职责分工，落实好深化学校体育改革的各项任务。

（十七）强化考核激励。各地要把学校体育工作列入政府政绩考核指标、教育行政部门与学校负责人业绩考核评价指标。对成绩突出的单位、部门、学校和个人进行表彰。加强学校体育督导检查，建立科学的专项督查、抽查、公告制度和行政问责机制。对学生体质健康水平持续三年下降的地区和学校，在教育工作评估中实行“一票否决”。教育部要会同有关部门定期开展学校体育专项检查，建立约谈有关主管负责人的机制。

（十八）营造良好环境。通过多种途径，充分利用报刊、广播、电视及网络等手段，加强学校体育工作新闻宣传力度，总结交流典型经验和有效做法，传播科学的教育观、人才观和健康观，营造全社会关心、重视和支持学校体育的良好氛围。

● 部门规章及文件

1. **《普通高等学校学生管理规定》**（2017 年 2 月 4 日）

第 6 条　学生在校期间依法享有下列权利：

（一）参加学校教育教学计划安排的各项活动，使用学校提供的教育教学资源；

（二）参加社会实践、志愿服务、勤工助学、文娱体育及科技文化创新等活动，获得就业创业指导和服务；

（三）申请奖学金、助学金及助学贷款；

（四）在思想品德、学业成绩等方面获得科学、公正评价，完成学校规定学业后获得相应的学历证书、学位证书；

（五）在校内组织、参加学生团体，以适当方式参与学校管理，对学校与学生权益相关事务享有知情权、参与权、表达权和监督权；

（六）对学校给予的处理或者处分有异议，向学校、教育行政部门提出申诉，对学校、教职员工侵犯其人身权、财产权等合法权益的行为，提出申诉或者依法提起诉讼；

（七）法律、法规及学校章程规定的其他权利。

2.《**中等体育运动学校管理办法**》（2011 年 8 月 31 日）

第 3 条 运动学校的主要任务是为国家培养德、智、体、美等全面发展的高水平竞技体育后备人才和社会需要的具有体育专项运动技能的中等体育专业人才。

第二十五条 将体育纳入学生综合素质评价范围

教育行政部门和学校应当将体育纳入学生综合素质评价范围，将达到国家学生体质健康标准要求作为教育教学考核的重要内容，培养学生体育锻炼习惯，提升学生体育素养。

体育行政部门应当在传授体育知识技能、组织体育训练、举办体育赛事活动、管理体育场地设施等方面为学校提供指导和帮助，并配合教育行政部门推进学校运动队和高水平运动队建设。

● 行政法规及文件

1.《学校体育工作条例》（2017年3月1日）

第2条 学校体育工作是指普通中小学校、农业中学、职业中学、中等专业学校、普通高等学校的体育课教学、课外体育活动、课余体育训练和体育竞赛。

第9条 体育课是学生毕业、升学考试科目。学生因病、残免修体育课或者免除体育课考试的，必须持医院证明，经学校体育教研室（组）审核同意，并报学校教务部门备案，记入学生健康档案。

● 部门规章及文件

2.《普通高等学校学生管理规定》（2017年2月4日）

第18条 学校应当健全学生学业成绩和学籍档案管理制度，真实、完整地记载、出具学生学业成绩，对通过补考、重修获得的成绩，应当予以标注。

学生严重违反考核纪律或者作弊的，该课程考核成绩记为无效，并应视其违纪或者作弊情节，给予相应的纪律处分。给予警告、严重警告、记过及留校察看处分的，经教育表现较好，可以对该课程给予补考或者重修机会。

学生因退学等情况中止学业，其在校学习期间所修课程及已获得学分，应当予以记录。学生重新参加入学考试、符合录取条件，再次入学的，其已获得学分，经录取学校认定，可以予以承认。具体办法由学校规定。

第二十六条 体育课时保障

学校必须按照国家有关规定开齐开足体育课，确保体育课时不被占用。

学校应当在体育课教学时，组织病残等特殊体质学生参加适合其特点的体育活动。

行政法规及文件

《学校体育工作条例》（2017 年 3 月 1 日）

第 7 条 学校应当根据教育行政部门的规定，组织实施体育课教学活动。

普通中小学校、农业中学、职业中学、中等专业学校各年级和普通高等学校的一、二年级必须开设体育课。普通高等学校对三年级以上学生开设体育选修课。

第 8 条 体育课教学应当遵循学生身心发展的规律，教学内容应当符合教学大纲的要求，符合学生年龄、性别特点和所在地区地理、气候条件。

体育课的教学形式应当灵活多样，不断改进教学方法，改善教学条件，提高教学质量。

第 10 条 开展课外体育活动应当从实际情况出发，因地制宜，生动活泼。

普通中小学校、农业中学、职业中学每天应当安排课间操，每周安排 3 次以上课外体育活动，保证学生每天有 1 小时体育活动的时间（含体育课）。

中等专业学校、普通高等学校除安排有体育课、劳动课的当天外，每天应当组织学生开展各种课外体育活动。

第 12 条 学校应当在体育课教学和课外体育活动的基础上，开展多种形式的课余体育训练，提高学生的运动技术水平。有条件的普通中小学校、农业中学、职业中学、中等专业学校经省级教育行政部门批准，普通高等学校经国家教育委员会批准，可以开展培养优秀体育后备人才的训练。

第 18 条 学校应当在各级教育行政部门核定的教师总编制数内，按照教学计划中体育课授课时数所占的比例和开展课余体育活动的需要配备体育教师。除普通小学外，学校应当根据学校女生数量配备一定比例的女体育教师。承担培养优秀体育后备人才训练任务的学校，体育教师的配备应当相应增加。

第27条 对违反本条例，有下列行为之一的单位或者个人，由当地教育行政部门令其限期改正，并视情节轻重对直接责任人员给予批评教育或者行政处分：

（一）不按规定开设或者随意停止体育课的；

（二）未保证学生每天1小时体育活动时间（含体育课）的；

（三）在体育竞赛中违反纪律、弄虚作假的；

（四）不按国家规定解决体育教师工作服装、粮食定量的。

第二十七条 学生课外体育活动

学校应当将在校内开展的学生课外体育活动纳入教学计划，与体育课教学内容相衔接，保障学生在校期间每天参加不少于一小时体育锻炼。

鼓励学校组建运动队、俱乐部等体育训练组织，开展多种形式的课余体育训练，有条件的可组建高水平运动队，培养竞技体育后备人才。

● 法 律

1.**《未成年人保护法》**（2020年10月17日）

第33条 学校应当与未成年学生的父母或者其他监护人互相配合，合理安排未成年学生的学习时间，保障其休息、娱乐和体育锻炼的时间。

学校不得占用国家法定节假日、休息日及寒暑假期，组织义务教育阶段的未成年学生集体补课，加重其学习负担。

幼儿园、校外培训机构不得对学龄前未成年人进行小学课程教育。

行政法规及文件

2.《全民健身条例》（2016 年 2 月 6 日）

第 21 条　学校应当按照《中华人民共和国体育法》和《学校体育工作条例》的规定，根据学生的年龄、性别和体质状况，组织实施体育课教学，开展广播体操、眼保健操等体育活动，指导学生的体育锻炼，提高学生的身体素质。

学校应当保证学生在校期间每天参加 1 小时的体育活动。

3.《学校体育工作条例 》（2017 年 3 月 1 日）

第 10 条　开展课外体育活动应当从实际情况出发，因地制宜，生动活泼。

普通中小学校、农业中学、职业中学每天应当安排课间操，每周安排 3 次以上课外体育活动，保证学生每天有 1 小时体育活动的时间（含体育课）。

中等专业学校、普通高等学校除安排有体育课、劳动课的当天外，每天应当组织学生开展各种课外体育活动。

第 11 条　学校应当在学生中认真推行国家体育锻炼标准的达标活动和等级运动员制度。

学校可根据条件有计划地组织学生远足、野营和举办夏（冬）令营等多种形式的体育活动。

第 20 条　学校的上级主管部门和学校应当按照国家或者地方制订的各类学校体育场地、器材、设备标准，有计划地逐步配齐。学校体育器材应当纳入教学仪器供应计划。新建、改建学校必须按照有关场地、器材的规定进行规划、设计和建设。

在学校比较密集的城镇地区，逐步建立中小学体育活动中心，并纳入城市建设规划。社会的体育场（馆）和体育设施应当安排一定时间免费向学生开放。

第 27 条　对违反本条例，有下列行为之一的单位或者个人，由当地教育行政部门令其限期改正，并视情节轻重对直接责任人员给予批评教育或者行政处分：

（一）不按规定开设或者随意停止体育课的；

（二）未保证学生每天 1 小时体育活动时间（含体育课）的；

（三）在体育竞赛中违反纪律、弄虚作假的；

（四）不按国家规定解决体育教师工作服装、粮食定量的。

4.**《公共文化体育设施条例》**（2003 年 6 月 26 日）

第 17 条 公共文化体育设施应当根据其功能、特点向公众开放，开放时间应当与当地公众的工作时间、学习时间适当错开。

公共文化体育设施的开放时间，不得少于省、自治区、直辖市规定的最低时限。国家法定节假日和学校寒暑假期间，应当适当延长开放时间。

学校寒暑假期间，公共文化体育设施管理单位应当增设适合学生特点的文化体育活动。

● 部门规章及文件

5.**《未成年人学校保护规定》**（2021 年 6 月 1 日）

第 13 条 学校应当按规定科学合理安排学生在校作息时间，保证学生有休息、参加文娱活动和体育锻炼的机会和时间，不得统一要求学生在规定的上课时间前到校参加课程教学活动。

义务教育学校不得占用国家法定节假日、休息日及寒暑假，组织学生集体补课；不得以集体补课等形式侵占学生休息时间。

第 31 条 学校应当建立学生体质监测制度，发现学生出现营养不良、近视、肥胖、龋齿等倾向或者有导致体质下降的不良行为习惯，应当进行必要的管理、干预，并通知家长，督促、指导家长实施矫治。

学校应当完善管理制度，保障学生在课间、课后使用学校的体育运动场地、设施开展体育锻炼；在周末和节假日期间，按规定向学生和周边未成年人免费或者优惠开放。

第二十八条 体育运动会和学生体育交流活动

国家定期举办全国学生（青年）运动会。地方各级人民政府应当结合实际，定期组织本地区学生（青年）运动会。

学校应当每学年至少举办一次全校性的体育运动会。

鼓励公共体育场地设施免费向学校开放使用，为学校举办体育运动会提供服务保障。

鼓励学校开展多种形式的学生体育交流活动。

● 法 律

1.《义务教育法》（2018 年 12 月 29 日）

第 37 条 学校应当保证学生的课外活动时间，组织开展文化娱乐等课外活动。社会公共文化体育设施应当为学校开展课外活动提供便利。

● 行政法规及文件

2.《学校体育工作条例》（2017 年 3 月 1 日）

第 2 条 学校体育工作是指普通中小学校、农业中学、职业中学、中等专业学校、普通高等学校的体育课教学、课外体育活动、课余体育训练和体育竞赛。

第 11 条 学校应当在学生中认真推行国家体育锻炼标准的达标活动和等级运动员制度。

学校可根据条件有计划地组织学生远足、野营和举办夏（冬）令营等多种形式的体育活动。

第 12 条 学校应当在体育课教学和课外体育活动的基础上，开展多种形式的课余体育训练，提高学生的运动技术水平。有条件的普通中小学校、农业中学、职业中学、中等专业学校经省级教育行政部门批准，普通高等学校经国家教育委员会批准，可以开展培养优秀体育后备人才的训练。

第14条 学校体育竞赛贯彻小型多样、单项分散、基层为主、勤俭节约的原则。学校每学年至少举行一次以田径项目为主的全校性运动会。

3.《**全民健身条例**》（2016年2月6日）

第21条 学校应当按照《中华人民共和国体育法》和《学校体育工作条例》的规定，根据学生的年龄、性别和体质状况，组织实施体育课教学，开展广播体操、眼保健操等体育活动，指导学生的体育锻炼，提高学生的身体素质。

第22条 学校每学年至少举办一次全校性的运动会；有条件的，还可以有计划地组织学生参加远足、野营、体育夏（冬）令营等活动。

第二十九条 将体育科目纳入学业水平考试范围

国家将体育科目纳入初中、高中学业水平考试范围，建立符合学科特点的考核机制。

病残等特殊体质学生的体育科目考核，应当充分考虑其身体状况。

● 法 律

1.《**基本医疗卫生与健康促进法**》（2019年12月28日）

第68条 国家将健康教育纳入国民教育体系。学校应当利用多种形式实施健康教育，普及健康知识、科学健身知识、急救知识和技能，提高学生主动防病的意识，培养学生良好的卫生习惯和健康的行为习惯，减少、改善学生近视、肥胖等不良健康状况。

学校应当按照规定开设体育与健康课程，组织学生开展广播体操、眼保健操、体能锻炼等活动。

学校按照规定配备校医，建立和完善卫生室、保健室等。

县级以上人民政府教育主管部门应当按照规定将学生体质健

康水平纳入学校考核体系。

● 行政法规及文件

2.《全民健身条例》（2016 年 2 月 6 日）

第 21 条 学校应当按照《中华人民共和国体育法》和《学校体育工作条例》的规定，根据学生的年龄、性别和体质状况，组织实施体育课教学，开展广播体操、眼保健操等体育活动，指导学生的体育锻炼，提高学生的身体素质。

学校应当保证学生在校期间每天参加 1 小时的体育活动。

● 部门规章及文件

3.《未成年人学校保护规定》（2021 年 6 月 1 日）

第 31 条 学校应当建立学生体质监测制度，发现学生出现营养不良、近视、肥胖、龋齿等倾向或者有导致体质下降的不良行为习惯，应当进行必要的管理、干预，并通知家长，督促、指导家长实施矫治。

学校应当完善管理制度，保障学生在课间、课后使用学校的体育运动场地、设施开展体育锻炼；在周末和节假日期间，按规定向学生和周边未成年人免费或者优惠开放。

第三十条 学生体质健康检查制度

学校应当建立学生体质健康检查制度。教育、体育和卫生健康行政部门应当加强对学生体质的监测和评估。

● 法 律

1.《基本医疗卫生与健康促进法》（2019 年 12 月 28 日）

第 68 条 国家将健康教育纳入国民教育体系。学校应当利用多种形式实施健康教育，普及健康知识、科学健身知识、急救知识和技能，提高学生主动防病的意识，培养学生良好的卫生习惯和健康的行为习惯，减少、改善学生近视、肥胖等不良健康状况。

学校应当按照规定开设体育与健康课程，组织学生开展广播体操、眼保健操、体能锻炼等活动。

学校按照规定配备校医，建立和完善卫生室、保健室等。

县级以上人民政府教育主管部门应当按照规定将学生体质健康水平纳入学校考核体系。

● 行政法规及文件

2. **《学校体育工作条例》**（2017 年 3 月 1 日）

第 3 条 学校体育工作的基本任务是：增进学生身心健康、增强学生体质；使学生掌握体育基本知识，培养学生体育运动能力和习惯；提高学生运动技术水平，为国家培养体育后备人才；对学生进行品德教育，增强组织纪律性，培养学生的勇敢、顽强、进取精神。

● 部门规章及文件

3. **《未成年人学校保护规定》**（2021 年 6 月 1 日）

第 31 条 学校应当建立学生体质监测制度，发现学生出现营养不良、近视、肥胖、龋齿等倾向或者有导致体质下降的不良行为习惯，应当进行必要的管理、干预，并通知家长，督促、指导家长实施矫治。

学校应当完善管理制度，保障学生在课间、课后使用学校的体育运动场地、设施开展体育锻炼；在周末和节假日期间，按规定向学生和周边未成年人免费或者优惠开放。

第三十一条 学校体育教师

学校应当按照国家有关规定，配足合格的体育教师，保障体育教师享受与其他学科教师同等待遇。

学校可以设立体育教练员岗位。

学校优先聘用符合相关条件的优秀退役运动员从事学校体育教学、训练活动。

行政法规及文件

1.《**学校体育工作条例**》（2017 年 3 月 1 日）

第 18 条 学校应当在各级教育行政部门核定的教师总编制数内，按照教学计划中体育课授课时数所占的比例和开展课余体育活动的需要配备体育教师。除普通小学外，学校应当根据学校女生数量配备一定比例的女体育教师。承担培养优秀体育后备人才训练任务的学校，体育教师的配备应当相应增加。

第 19 条 各级教育行政部门和学校应当有计划地安排体育教师进修培训。对体育教师的职务聘任、工资待遇应当与其他任课教师同等对待。按照国家有关规定，有关部门应当妥善解决体育教师的工作服装和粮食定量。

体育教师组织课间操（早操）、课外体育活动和课余训练、体育竞赛应当计算工作量。

学校对妊娠、产后的女体育教师，应当依照《女职工劳动保护规定》给予相应的照顾。

部门规章及文件

2.《**中等体育运动学校管理办法**》（2011 年 8 月 31 日）

第 27 条 运动学校文化课教师应当具备国家规定的教师资格。教育行政部门负责向公办运动学校选派优秀文化课教师。文化课教师的专业技术职务评聘、工资待遇按照国家有关规定执行。

第三十二条 学校体育场地、设施和器材

学校应当按照国家有关标准配置体育场地、设施和器材，并定期进行检查、维护，适时予以更新。

学校体育场地必须保障体育活动需要，不得随意占用或者挪作他用。

法　律

1.《未成年人保护法》（2020 年 10 月 17 日）

第 33 条　学校应当与未成年学生的父母或者其他监护人互相配合，合理安排未成年学生的学习时间，保障其休息、娱乐和体育锻炼的时间。

学校不得占用国家法定节假日、休息日及寒暑假期，组织义务教育阶段的未成年学生集体补课，加重其学习负担。

幼儿园、校外培训机构不得对学龄前未成年人进行小学课程教育。

行政法规及文件

2.《学校体育工作条例》（2017 年 3 月 1 日）

第 20 条　学校的上级主管部门和学校应当按照国家或者地方制订的各类学校体育场地、器材、设备标准，有计划地逐步配齐。学校体育器材应当纳入教学仪器供应计划。新建、改建学校必须按照有关场地、器材的规定进行规划、设计和建设。

在学校比较密集的城镇地区，逐步建立中小学体育活动中心，并纳入城市建设规划。社会的体育场（馆）和体育设施应当安排一定时间免费向学生开放。

部门规章及文件

3.《体育赛事活动管理办法》（2020 年 1 月 17 日）

第 15 条　举办体育赛事活动，主办方和承办方应当根据需要，做好下列保障工作：

（一）配备具有相应资格或资质的专业技术人员；

（二）配置符合相关标准和要求的场地、器材和设施；

（三）落实医疗、卫生、食品、交通、安全保卫、生态保护等相关措施。

体育赛事活动对参赛者身体条件有特殊要求的，主办方或承办方应当要求其提供符合体育赛事活动要求的身体状况证明，参赛者应予以配合。

体育部门主办的体育赛事活动，应当主动购买公众责任方面的保险。鼓励其他体育赛事活动主办方、参与者购买公众责任或意外伤害方面的保险。

4.《中小学幼儿园安全管理办法》（2006 年 6 月 30 日）

第 14 条 举办学校的地方人民政府、企业事业组织、社会团体和公民个人，应当对学校安全工作履行下列职责：

（一）保证学校符合基本办学标准，保证学校围墙、校舍、场地、教学设施、教学用具、生活设施和饮用水源等办学条件符合国家安全质量标准；

（二）配置紧急照明装置和消防设施与器材，保证学校教学楼、图书馆、实验室、师生宿舍等场所的照明、消防条件符合国家安全规定；

（三）定期对校舍安全进行检查，对需要维修的，及时予以维修；对确认的危房，及时予以改造。

举办学校的地方人民政府应当依法维护学校周边秩序，保障师生和学校的合法权益，为学校提供安全保障。

有条件的，学校举办者应当为学校购买责任保险。

第三十三条 体育活动意外伤害保险机制

国家建立健全学生体育活动意外伤害保险机制。

教育行政部门和学校应当做好学校体育活动安全管理和运动伤害风险防控。

● 行政法规及文件

1.《全民健身条例》（2016 年 2 月 6 日）

第 33 条 国家鼓励全民健身活动组织者和健身场所管理者依法投保有关责任保险。

国家鼓励参加全民健身活动的公民依法投保意外伤害保险。

● 部门规章及文件

2.《少年儿童体育学校管理办法》（2011 年 9 月 2 日）

第 31 条 少体校应当为学生办理保险。有条件的，可以根据运动项目训练和比赛的特点，办理专门的意外伤害保险。

3.《中等体育运动学校管理办法》（2011 年 8 月 31 日）

第 5 条 运动学校由当地体育、教育行政部门共同管理，以体育行政部门管理为主。体育行政部门负责学校的日常管理，学生训练、参赛，教练员配备和培训等；教育行政部门负责与学生文化教育相关事项的管理，包括教学、教师配备和培训等。

第 33 条 运动学校应当为学生办理保险。有条件的，可以根据运动项目训练和比赛的特点，办理专门的意外伤害保险。

4.《中小学幼儿园安全管理办法》（2006 年 6 月 30 日）

第七条 教育行政部门对学校安全工作履行下列职责：

（一）全面掌握学校安全工作状况，制定学校安全工作考核目标，加强对学校安全工作的检查指导，督促学校建立健全并落实安全管理制度；

（二）建立安全工作责任制和事故责任追究制，及时消除安全隐患，指导学校妥善处理学生伤害事故；

（三）及时了解学校安全教育情况，组织学校有针对性地开展学生安全教育，不断提高教育实效；

（四）制定校园安全的应急预案，指导、监督下级教育行政部门和学校开展安全工作；

（五）协调政府其他相关职能部门共同做好学校安全管理工作，协助当地人民政府组织对学校安全事故的救援和调查处理。

教育督导机构应当组织学校安全工作的专项督导。

第三十四条　学前儿童体育活动

幼儿园应当为学前儿童提供适宜的室内外活动场地和体育设施、器材，开展符合学前儿童特点的体育活动。

行政法规及文件

1.《**学校体育工作条例**》（2017年3月1日）

第20条　学校的上级主管部门和学校应当按照国家或者地方制订的各类学校体育场地、器材、设备标准，有计划地逐步配齐。学校体育器材应当纳入教学仪器供应计划。新建、改建学校必须按照有关场地、器材的规定进行规划、设计和建设。

在学校比较密集的城镇地区，逐步建立中小学体育活动中心，并纳入城市建设规划。社会的体育场（馆）和体育设施应当安排一定时间免费向学生开放。

2.《**全民健身条例**》（2016年2月6日）

第23条　基层文化体育组织、学校、家庭应当加强合作，支持和引导学生参加校外体育活动。

青少年活动中心、少年宫、妇女儿童中心等应当为学生开展体育活动提供便利。

3.《**公共文化体育设施条例**》（2003年6月26日）

第16条　公共文化体育设施管理单位应当完善服务条件，建立、健全服务规范，开展与公共文化体育设施功能、特点相适应的服务，保障公共文化体育设施用于开展文明、健康的文化体育活动。

第17条　公共文化体育设施应当根据其功能、特点向公众开放，开放时间应当与当地公众的工作时间、学习时间适当错开。

公共文化体育设施的开放时间，不得少于省、自治区、直辖市规定的最低时限。国家法定节假日和学校寒暑假期间，应当适当延长开放时间。

学校寒暑假期间，公共文化体育设施管理单位应当增设适合学生特点的文化体育活动。

● 部门规章及文件

4.《**幼儿园工作规程**》（2016 年 1 月 5 日）

第 29 条 幼儿园应当将游戏作为对幼儿进行全面发展教育的重要形式。

幼儿园应当因地制宜创设游戏条件，提供丰富、适宜的游戏材料，保证充足的游戏时间，开展多种游戏。

幼儿园应当根据幼儿的年龄特点指导游戏，鼓励和支持幼儿根据自身兴趣、需要和经验水平，自主选择游戏内容、游戏材料和伙伴，使幼儿在游戏过程中获得积极的情绪情感，促进幼儿能力和个性的全面发展。

第 30 条 幼儿园应当将环境作为重要的教育资源，合理利用室内外环境，创设开放的、多样的区域活动空间，提供适合幼儿年龄特点的丰富的玩具、操作材料和幼儿读物，支持幼儿自主选择和主动学习，激发幼儿学习的兴趣与探究的愿望。

幼儿园应当营造尊重、接纳和关爱的氛围，建立良好的同伴和师生关系。

幼儿园应当充分利用家庭和社区的有利条件，丰富和拓展幼儿园的教育资源。

第 35 条 幼儿园应当有与其规模相适应的户外活动场地，配备必要的游戏和体育活动设施，创造条件开辟沙地、水池、种植园地等，并根据幼儿活动的需要绿化、美化园地。

第三十五条　学校体育督导

各级教育督导机构应当对学校体育实施督导，并向社会公布督导报告。

行政法规及文件

1.《**民办教育促进法实施条例**》（2021 年 4 月 7 日）

第 51 条　国务院教育督导机构及省、自治区、直辖市人民政府负责教育督导的机构应当对县级以上地方人民政府及其有关部门落实支持和规范民办教育发展法定职责的情况进行督导、检查。

县级以上人民政府负责教育督导的机构依法对民办学校进行督导并公布督导结果，建立民办中小学、幼儿园责任督学制度。

2.《**学校体育工作条例**》（2017 年 3 月 1 日）

第 23 条　各级教育行政部门应当健全学校体育管理机构，加强对学校体育工作的指导和检查。

学校体育工作应当作为考核学校工作的一项基本内容。普通中小学校的体育工作应当列入督导计划。

3.《**教育督导条例**》（2012 年 9 月 9 日）

第 15 条　经常性督导结束，督学应当向教育督导机构提交报告；发现违法违规办学行为或者危及师生生命安全的隐患，应当及时督促学校和相关部门处理。

第 23 条　专项督导或者综合督导结束，教育督导机构应当向本级人民政府提交督导报告；县级以上地方人民政府负责教育督导的机构还应当将督导报告报上一级人民政府教育督导机构备案。

督导报告应当向社会公布。

第26条　督学或者教育督导机构工作人员有下列情形之一的，由教育督导机构给予批评教育；情节严重的，依法给予处分，对督学还应当取消任命或者聘任；构成犯罪的，依法追究刑事责任：

（一）玩忽职守，贻误督导工作的；

（二）弄虚作假，徇私舞弊，影响督导结果公正的；

（三）滥用职权，干扰被督导单位正常工作的。

督学违反本条例第十条规定，应当回避而未回避的，由教育督导机构给予批评教育。

督学违反本条例第十五条规定，发现违法违规办学行为或者危及师生生命安全隐患而未及时督促学校和相关部门处理的，由教育督导机构给予批评教育；情节严重的，依法给予处分，取消任命或者聘任；构成犯罪的，依法追究刑事责任。

● 部门规章及文件

4.《未成年人学校保护规定》（2021年6月1日）

第56条　地方教育行政部门应当建立学生保护工作评估制度，定期组织或者委托第三方对管辖区域内学校履行保护学生法定职责情况进行评估，评估结果作为学校管理水平评价、校长考评考核的依据。

各级教育督导机构应当将学校学生保护工作情况纳入政府履行教育职责评价和学校督导评估的内容。

5.《高等学校信息公开办法》（2010年4月6日）

第25条　省级教育行政部门应当建立健全高等学校信息公开评议制度，聘请人大代表、政协委员、家长、教师、学生等有关人员成立信息公开评议委员会或者以其他形式，定期对本行政区域内高等学校信息公开工作进行评议，并向社会公布评议结果。

第三十六条 青少年不良健康状况的预防

教育行政部门、体育行政部门和学校应当组织、引导青少年参加体育活动，预防和控制青少年近视、肥胖等不良健康状况，家庭应当予以配合。

法 律

1.《基本医疗卫生与健康促进法》（2019 年 12 月 28 日）

第 68 条 国家将健康教育纳入国民教育体系。学校应当利用多种形式实施健康教育，普及健康知识、科学健身知识、急救知识和技能，提高学生主动防病的意识，培养学生良好的卫生习惯和健康的行为习惯，减少、改善学生近视、肥胖等不良健康状况。

学校应当按照规定开设体育与健康课程，组织学生开展广播体操、眼保健操、体能锻炼等活动。

学校按照规定配备校医，建立和完善卫生室、保健室等。

县级以上人民政府教育主管部门应当按照规定将学生体质健康水平纳入学校考核体系。

行政法规及文件

2.《全民健身条例》（2016 年 2 月 6 日）

第 23 条 基层文化体育组织、学校、家庭应当加强合作，支持和引导学生参加校外体育活动。

青少年活动中心、少年宫、妇女儿童中心等应当为学生开展体育活动提供便利。

部门规章及文件

3.《未成年人学校保护规定》（2021 年 6 月 1 日）

第 31 条 学校应当建立学生体质监测制度，发现学生出现营养不良、近视、肥胖、龋齿等倾向或者有导致体质下降的不良行为习惯，应当进行必要的管理、干预，并通知家长，督促、指导家长实施矫治。

学校应当完善管理制度，保障学生在课间、课后使用学校的体育运动场地、设施开展体育锻炼；在周末和节假日期间，按规定向学生和周边未成年人免费或者优惠开放。

第三十七条 青少年体育培训服务

体育行政部门会同有关部门引导和规范企业事业单位、社会组织和体育专业人员等为青少年提供体育培训等服务。

● 法 律

1.《未成年人保护法》（2020年10月17日）

第44条 爱国主义教育基地、图书馆、青少年宫、儿童活动中心、儿童之家应当对未成年人免费开放；博物馆、纪念馆、科技馆、展览馆、美术馆、文化馆、社区公益性互联网上网服务场所以及影剧院、体育场馆、动物园、植物园、公园等场所，应当按照有关规定对未成年人免费或者优惠开放。

国家鼓励爱国主义教育基地、博物馆、科技馆、美术馆等公共场馆开设未成年人专场，为未成年人提供有针对性的服务。

国家鼓励国家机关、企业事业单位、部队等开发自身教育资源，设立未成年人开放日，为未成年人主题教育、社会实践、职业体验等提供支持。

国家鼓励科研机构和科技类社会组织对未成年人开展科学普及活动。

● 行政法规及文件

2.《全民健身条例》（2016年2月6日）

第23条 基层文化体育组织、学校、家庭应当加强合作，支持和引导学生参加校外体育活动。

青少年活动中心、少年宫、妇女儿童中心等应当为学生开展体育活动提供便利。

第三十八条　体育运动学校文化教育

各级各类体育运动学校应当对适龄学生依法实施义务教育，并根据国务院体育行政部门制定的教学训练大纲开展业余体育训练。

教育行政部门应当将体育运动学校的文化教育纳入管理范围。

各级人民政府应当在场地、设施、资金、人员等方面对体育运动学校予以支持。

法　律

1. **《义务教育法》**（2018 年 12 月 29 日）

第 42 条　国家将义务教育全面纳入财政保障范围，义务教育经费由国务院和地方各级人民政府依照本法规定予以保障。

国务院和地方各级人民政府将义务教育经费纳入财政预算，按照教职工编制标准、工资标准和学校建设标准、学生人均公用经费标准等，及时足额拨付义务教育经费，确保学校的正常运转和校舍安全，确保教职工工资按照规定发放。

国务院和地方各级人民政府用于实施义务教育财政拨款的增长比例应当高于财政经常性收入的增长比例，保证按照在校学生人数平均的义务教育费用逐步增长，保证教职工工资和学生人均公用经费逐步增长。

行政法规及文件

2. **《学校体育工作条例》**（2017 年 3 月 1 日）

第 12 条　学校应当在体育课教学和课外体育活动的基础上，开展多种形式的课余体育训练，提高学生的运动技术水平。有条件的普通中小学校、农业中学、职业中学、中等专业学校经省级教育行政部门批准，普通高等学校经国家教育委员会批准，可以开展培养优秀体育后备人才的训练。

第22条 各级教育行政部门和学校应当根据学校体育工作的实际需要，把学校体育经费纳入核定的年度教育经费预算内，予以妥善安排。

地方各级人民政府在安排年度学校教育经费时，应当安排一定数额的体育经费，以保证学校体育工作的开展。

国家和地方各级体育行政部门在经费上应当尽可能对学校体育工作给予支持。

国家鼓励各种社会力量以及个人自愿捐资支援学校体育工作。

● 部门规章及文件

3.《**中等体育运动学校管理办法**》（2011年8月31日）

第2条 本办法所称中等体育运动学校是指对青少年学生进行系统体育专项训练和体育职业技术教育的中等职业学校（以下简称运动学校）。

根据体育运动项目的特点和训练需要，运动学校可以招收义务教育阶段的适龄儿童、少年，依法实施九年义务教育。

第31条 地方各级人民政府应当按照国家规定加强运动学校建设，将其纳入当地体育和教育发展规划，将训练竞赛经费、文化教育经费纳入同级财政预算，并加大经费投入，不断改善办学条件。

公办运动学校的基建投资，由主管的体育、教育行政部门联合向当地人民政府申报解决。

第36条 县级以上体育、教育行政部门应当定期检查学校文化教育实施情况。对违反《中华人民共和国义务教育法》和有关制度及本办法的行为，应及时予以纠正，并依法对学校及相关责任人给予相应的处理、处罚。

第四章　竞 技 体 育

第三十九条　国家促进竞技体育发展

国家促进竞技体育发展，鼓励运动员提高竞技水平，在体育赛事中创造优异成绩，为国家和人民争取荣誉。

● 行政法规及文件

1.《全民健身条例》（2016 年 2 月 6 日）

第 2 条　县级以上地方人民政府应当将全民健身事业纳入本级国民经济和社会发展规划，有计划地建设公共体育设施，加大对农村地区和城市社区等基层公共体育设施建设的投入，促进全民健身事业均衡协调发展。

国家支持、鼓励、推动与人民群众生活水平相适应的体育消费以及体育产业的发展。

● 部门规章及文件

2.《体育赛事活动管理办法》（2020 年 1 月 17 日）

第 10 条　除第七、八条规定外，体育总局对体育赛事活动一律不做审批，公安、市场监管、卫生健康、交通运输、海事、无线电管理、外事等部门另有规定的，主办方或承办方应按规定办理。

地方体育部门应当按照国务院、地方人大和政府的相关规定，减少体育赛事活动审批；对保留的审批事项，不断优化服务。

地方体育部门应当积极协调推动地方人民政府，根据实际需要建立体育、公安、卫生等多部门对商业性、群众性大型体育赛事活动联合“一站式”服务机制或部门协同工作机制。

机关、企事业单位、社会组织和个人均可依法组织和举办体育赛事活动。

机关、事业单位、体育协会举办体育赛事活动，应当公开、公平、公正选择承办方，并鼓励和支持社会广泛参与。

第 17 条 体育部门主办的体育赛事活动，应当在举办前通过网络或新闻媒体等途径向社会公开。

鼓励和支持其他体育赛事活动主办方在体育赛事活动举办前，通过包括政府网站在内的多种途径，向社会公布竞赛规程，公开体育赛事活动的名称、时间、地点、主办方、承办方、参赛条件及奖惩办法等基本信息。

第 29 条 体育部门可以设立体育赛事活动专项资金，通过奖励、政府购买服务等方式鼓励、引导社会力量举办体育赛事活动。

3. **《中等体育运动学校管理办法》**（2011 年 8 月 31 日）

第 30 条 运动学校招聘体育工作人员，对取得优异成绩的退役运动员，可以采取直接考核的方式招聘；对其他退役运动员，应在同等条件下优先聘用。

运动学校中使用彩票公益金资助建成的体育设施，须安排一定比例岗位用于聘用退役运动员。

第四十条 职业体育市场化、职业化发展

国家促进和规范职业体育市场化、职业化发展，提高职业体育赛事能力和竞技水平。

● 部门规章及文件

《体育赛事活动管理办法》（2020 年 1 月 17 日）

第 27 条 体育部门和体育协会应当根据职责和章程，加强对体育赛事活动组织者及相关从业人员的培训，不断提高体育赛

事活动组织水平。

第 36 条 体育协会应当引导行业健康发展，加强对会员组织举办的体育赛事活动的日常管理，提高其主办、承办、协办体育赛事活动的水平。

第 37 条 体育协会可以依照体育赛事活动组织整体水平、人数规模、层次规格、服务保障、社会影响力等因素，对所辖区域内的体育赛事活动实施等级评定或进行体育赛事活动评估。

第四十一条 竞技体育后备人才培养

国家加强体育运动学校和体育传统特色学校建设，鼓励、支持开展业余体育训练，培养优秀的竞技体育后备人才。

行政法规及文件

1.《学校体育工作条例》（2017 年 3 月 1 日）

第 3 条 学校体育工作的基本任务是：增进学生身心健康、增强学生体质；使学生掌握体育基本知识，培养学生体育运动能力和习惯；提高学生运动技术水平，为国家培养体育后备人才；对学生进行品德教育，增强组织纪律性，培养学生的勇敢、顽强、进取精神。

第 12 条 学校应当在体育课教学和课外体育活动的基础上，开展多种形式的课余体育训练，提高学生的运动技术水平。有条件的普通中小学校、农业中学、职业中学、中等专业学校经省级教育行政部门批准，普通高等学校经国家教育委员会批准，可以开展培养优秀体育后备人才的训练。

第 13 条 学校对参加课余体育训练的学生，应当安排好文化课学习，加强思想品德教育，并注意改善他们的营养。普通高等学校对运动水平较高、具有培养前途的学生，报国家教育委员会批准，可适当延长学习年限。

● 部门规章及文件

2.《少年儿童体育学校管理办法》（2011 年 9 月 2 日）

第 3 条 少体校的主要任务是为国家和社会培养、输送具有良好思想品德、文化素质和体育特长的优秀体育后备人才。

3.《中等体育运动学校管理办法》（2011 年 8 月 31 日）

第 3 条 运动学校的主要任务是为国家培养德、智、体、美等全面发展的高水平竞技体育后备人才和社会需要的具有体育专项运动技能的中等体育专业人才。

第四十二条 运动员的培养和管理

国家加强对运动员的培养和管理，对运动员进行爱国主义、集体主义和社会主义教育，以及道德、纪律和法治教育。

运动员应当积极参加训练和竞赛，团结协作，勇于奉献，顽强拼搏，不断提高竞技水平。

● 法 律

1.《教育法》（2021 年 4 月 29 日）

第 6 条 教育应当坚持立德树人，对受教育者加强社会主义核心价值观教育，增强受教育者的社会责任感、创新精神和实践能力。

国家在受教育者中进行爱国主义、集体主义、中国特色社会主义的教育，进行理想、道德、纪律、法治、国防和民族团结的教育。

2.《未成年人保护法》（2020 年 10 月 17 日）

第 5 条 国家、社会、学校和家庭应当对未成年人进行理想教育、道德教育、科学教育、文化教育、法治教育、国家安全教育、健康教育、劳动教育，加强爱国主义、集体主义和中国特色社会主义的教育，培养爱祖国、爱人民、爱劳动、爱科学、爱社会主义的公德，抵制资本主义、封建主义和其他腐朽思想的侵蚀，引导未成年人树立和践行社会主义核心价值观。

● 部门规章及文件

3.《普通高等学校学生管理规定》（2017 年 2 月 4 日）

第 4 条 学生应当拥护中国共产党领导，努力学习马克思列宁主义、毛泽东思想、中国特色社会主义理论体系，深入学习习近平总书记系列重要讲话精神和治国理政新理念新思想新战略，坚定中国特色社会主义道路自信、理论自信、制度自信、文化自信，树立中国特色社会主义共同理想；应当树立爱国主义思想，具有团结统一、爱好和平、勤劳勇敢、自强不息的精神；应当增强法治观念，遵守宪法、法律、法规，遵守公民道德规范，遵守学校管理制度，具有良好的道德品质和行为习惯；应当刻苦学习，勇于探索，积极实践，努力掌握现代科学文化知识和专业技能；应当积极锻炼身体，增进身心健康，提高个人修养，培养审美情趣。

4.《少年儿童体育学校管理办法》（2011 年 9 月 2 日）

第 15 条 少体校应当加强学生爱国主义、集体主义、社会主义思想品德教育，开展文明行为养成教育、法制教育、中华体育精神及体育职业道德教育。

第四十三条 运动员身心健康维护

国家加强体育训练科学技术研究、开发和应用，对运动员实行科学、文明的训练，维护运动员身心健康。

● 法 律

1.《科学技术进步法》（2021 年 12 月 24 日）

第 3 条 科学技术进步工作应当面向世界科技前沿、面向经济主战场、面向国家重大需求、面向人民生命健康，为促进经济社会发展、维护国家安全和推动人类可持续发展服务。

国家鼓励科学技术研究开发，推动应用科学技术改造提升传统产业、发展高新技术产业和社会事业，支撑实现碳达峰碳中和目标，催生新发展动能，实现高质量发展。

第29条 国家加强面向产业发展需求的共性技术平台和科学技术研究开发机构建设，鼓励地方围绕发展需求建设应用研究科学技术研究开发机构。

国家鼓励科学技术研究开发机构、高等学校加强共性基础技术研究，鼓励以企业为主导，开展面向市场和产业化应用的研究开发活动。

● 行政法规及文件

2.《学校体育工作条例》（2017年3月1日）

第13条 学校对参加课余体育训练的学生，应当安排好文化课学习，加强思想品德教育，并注意改善他们的营养。普通高等学校对运动水平较高、具有培养前途的学生，报国家教育委员会批准，可适当延长学习年限。

● 部门规章及文件

3.《运动员技术等级管理办法》（2014年1月15日）

第9条 总局授予各省级体育行政部门、新疆生产建设兵团体育局、总参军训部军事体育训练局、总政宣传部文化体育局一级运动员、二级运动员、三级运动员审批权。

第四十四条 运动员接受文化教育权利的保障

国家依法保障运动员接受文化教育的权利。

体育行政部门、教育行政部门应当保障处于义务教育阶段的运动员完成义务教育。

法　律

1.《**未成年人保护法**》（2020 年 10 月 17 日）

第 83 条　各级人民政府应当保障未成年人受教育的权利，并采取措施保障留守未成年人、困境未成年人、残疾未成年人接受义务教育。

对尚未完成义务教育的辍学未成年学生，教育行政部门应当责令父母或者其他监护人将其送入学校接受义务教育。

2.《**义务教育法**》（2018 年 12 月 29 日）

第 5 条　各级人民政府及其有关部门应当履行本法规定的各项职责，保障适龄儿童、少年接受义务教育的权利。

适龄儿童、少年的父母或者其他法定监护人应当依法保证其按时入学接受并完成义务教育。

依法实施义务教育的学校应当按照规定标准完成教育教学任务，保证教育教学质量。

社会组织和个人应当为适龄儿童、少年接受义务教育创造良好的环境。

部门规章及文件

3.《**少年儿童体育学校管理办法**》（2011 年 9 月 2 日）

第 34 条　县级以上体育、教育行政部门应当定期检查少体校文化教育实施情况。对违反《中华人民共和国义务教育法》和有关制度及本办法的行为，应及时予以纠正，并依法对少体校及相关责任人给予相应的处理、处罚。

4.《**中等体育运动学校管理办法**》（2011 年 8 月 31 日）

第 9 条　运动学校自行实施义务教育的，学校建设应当符合国家规定的办学标准，适应教育教学需要，由其主管体育行政部门提出意见后，依法报经教育行政部门审批。

第 36 条　县级以上体育、教育行政部门应当定期检查学校文化教育实施情况。对违反《中华人民共和国义务教育法》和有关制度及本办法的行为，应及时予以纠正，并依法对学校及相关责任人给予相应的处理、处罚。

第四十五条　运动员选择注册与交流的权利

国家依法保障运动员选择注册与交流的权利。

运动员可以参加单项体育协会的注册，并按照有关规定进行交流。

● 行政法规及文件

1.《反兴奋剂条例》（2018 年 9 月 18 日）

第 25 条　在体育社会团体注册的运动员、运动员辅助人员凭依法享有处方权的执业医师开具的处方，方可持有含有兴奋剂目录所列禁用物质的药品。

在体育社会团体注册的运动员接受医疗诊断时，应当按照兴奋剂检查规则的规定向医师说明其运动员身份。医师对其使用药品时，应当首先选择不含兴奋剂目录所列禁用物质的药品；确需使用含有这类禁用物质的药品的，应当告知其药品性质和使用后果。

● 部门规章及文件

2.《体育竞赛裁判员管理办法》（2015 年 9 月 23 日）

第 29 条　国际级、国家级裁判员按年度向各全国单项协会进行注册；各全国单项协会可视本项目裁判员队伍状况对一级裁判员进行注册或备案。一级（含）以下裁判员注册可由各省、自治区、直辖市体育行政部门或地方单项协会做出规定。

第 30 条　各全国单项协会、各省、自治区、直辖市政府体育主管部门或地方单项协会应当建立裁判员注册信息库，并公布以下主要信息：

（一）裁判员姓名、年龄、技术等级、注册申报单位；

（二）裁判员获得相应技术等级资格认证的时间以及参加相应等级竞赛裁判工作记录；

（三）裁委会对裁判员裁判工作的考评意见；

（四）参赛单位对注册裁判员的评价意见。

3. **《社会体育指导员管理办法》**（2011年10月9日）

第15条 申请授予或晋升社会体育指导员技术等级称号的人员，应当向开展志愿服务所在地的县级体育主管部门、经批准的省级协会或委托的组织提交下列材料：

（一）申请书；

（二）社会体育指导员技术等级培训合格证书，或高等体育专业学历、体育教师、职业社会体育指导员、教练员、优秀运动员资质证书；

（三）所在单位或体育组织的推荐书；

（四）申请晋升的，需提交原技术等级证书；

（五）单项体育协会对申请人所传授的体育项目有技能标准要求的，需提交该体育项目的技能培训合格证书；

（六）参加继续培训、工作交流和展示活动的证书或证明。

● 案例指引

李某、某足球俱乐部劳动争议案①

本案争议焦点为双方之间因履行工作合同发生纠纷是否属于人民法院民事案件受理范围。此类纠纷应由中国足协仲裁委员会裁决，其裁决结果为最终结果。第一，体育法第三十六条②规定，国家鼓

---

① 《李某、某足球俱乐部公司劳动争议民事再审民事裁定书》，载中国裁判文书网，https：//wenshu. court. gov. cn/website/wenshu/181107ANFZ0BXSK4/index. html？docId＝853a0d230dab488f8894ad9200bb7588，2022年6月30日访问。

② 对应2022年新修订体育法第六十一条。

励、支持体育社会团体按照其章程，组织和开展体育活动，推动体育事业的发展。中国足协是我国从事足球运动的组织自愿结成的全国性、非营利性、体育类社团法人，是团结全国足球组织和个人共同发展足球事业、具有公益性质的社会组织，根据法律授权和政府委托管理全国足球事务。根据上述体育法第三十六条规定，中国足协可以按照其章程组织体育活动。中国足球协会的章程规定，在中国足协或中国足协会员注册的球员和俱乐部承诺遵守中国足协章程及有关规定。体育法第二十九条①规定，全国性的单项体育协会对本项目的运动员实行注册管理。《中国足球协会球员身份与转会管理规定》第八条规定，只有在中国足协或中国足协会员协会注册为代表某俱乐部职业球员后，该球员方有资格参加有组织的足球赛事。球员一经注册，即表明其同意遵守国际足联、亚足联、中国足协及会员协会制定的各项管理规范。本案种某足球俱乐部公司是在中国足协注册的职业足球俱乐部，李某是经中国足协注册为某足球俱乐部公司的职业球员，双方当事人应当遵守中国足协章程的规定。

第四十六条　优秀运动员就业和升学优待

国家对优秀运动员在就业和升学方面给予优待。

第四十七条　退役运动员就业服务

各级人民政府加强对退役运动员的职业技能培训和社会保障，为退役运动员就业、创业提供指导和服务。

法　律

1. **《就业促进法》**（2015 年 4 月 24 日）

第 24 条　地方各级人民政府和有关部门应当加强对失业人员从事个体经营的指导，提供政策咨询、就业培训和开业指导等

① 对应 2022 年新修订体育法第四十五条。

服务。

第 44 条 国家依法发展职业教育，鼓励开展职业培训，促进劳动者提高职业技能，增强就业能力和创业能力。

第 49 条 地方各级人民政府鼓励和支持开展就业培训，帮助失业人员提高职业技能，增强其就业能力和创业能力。失业人员参加就业培训的，按照有关规定享受政府培训补贴。

● 部门规章及文件

2. **《少年儿童体育学校管理办法》**（2011 年 9 月 2 日）

第 27 条 少体校招聘体育工作人员的，对取得优异成绩的退役运动员，可以采取直接考核的方式招聘；对其他退役运动员，应在同等条件下优先聘用。

少体校中使用彩票公益金资助建成的体育设施，须安排一定比例岗位用于聘用退役运动员。

第四十八条 体育运动水平等级、教练员职称等级和裁判员技术等级制度

国家实行体育运动水平等级、教练员职称等级和裁判员技术等级制度。

● 部门规章及文件

1. **《体育竞赛裁判员管理办法》**（2015 年 9 月 23 日）

第 3 条 国家体育总局（以下简称体育总局）对在我国（不含香港、澳门特别行政区）正式开展的体育运动项目裁判员的管理工作进行监管。各级政府体育主管部门负责本地区相应等级裁判员的监督管理工作。

第 5 条 各体育运动项目裁判员的技术等级分为国家级、一级、二级、三级。获得国际单项体育组织有关裁判技术等级认证者，统称为国际级裁判员。

2.《社会体育指导员管理办法》(2011 年 10 月 9 日)

第 3 条 国家对社会体育指导员实行技术等级制度。

社会体育指导员技术等级称号由低到高分为：三级社会体育指导员、二级社会体育指导员、一级社会体育指导员、国家级社会体育指导员。

第四十九条 运动员选拔和运动队组建

代表国家和地方参加国际、国内重大体育赛事的运动员和运动队，应当按照公开、公平、择优的原则选拔和组建。

运动员选拔和运动队组建办法由国务院体育行政部门规定。

● 部门规章及文件

《体育赛事活动管理办法》(2020 年 1 月 17 日)

第 10 条 除第七、八条规定外，体育总局对体育赛事活动一律不做审批，公安、市场监管、卫生健康、交通运输、海事、无线电管理、外事等部门另有规定的，主办方或承办方应按规定办理。

地方体育部门应当按照国务院、地方人大和政府的相关规定，减少体育赛事活动审批；对保留的审批事项，不断优化服务。

地方体育部门应当积极协调推动地方人民政府，根据实际需要建立体育、公安、卫生等多部门对商业性、群众性大型体育赛事活动联合“一站式”服务机制或部门协同工作机制。

机关、企事业单位、社会组织和个人均可依法组织和举办体育赛事活动。

机关、事业单位、体育协会举办体育赛事活动，应当公开、公平、公正选择承办方，并鼓励和支持社会广泛参与。

第 16 条 主办方或承办方应当根据国家或全国性单项体育协会有关裁判员管理的规定，按照公开、公平、公正、择优的原则确定体育赛事活动的裁判员。

第 17 条 体育部门主办的体育赛事活动，应当在举办前通过网络或新闻媒体等途径向社会公开。

鼓励和支持其他体育赛事活动主办方在体育赛事活动举办前，通过包括政府网站在内的多种途径，向社会公布竞赛规程，公开体育赛事活动的名称、时间、地点、主办方、承办方、参赛条件及奖惩办法等基本信息。

第五十条 对体育赛事活动实行分级分类管理

国家对体育赛事活动实行分级分类管理，具体办法由国务院体育行政部门规定。

● 部门规章及文件

1. **《体育赛事活动管理办法》**（2020 年 1 月 17 日）

第 3 条 体育赛事活动应当坚持政府监管与行业自律相结合的原则，实行分级分类管理，加强事中事后监管，优化体育赛事活动服务。

国家体育总局（以下简称体育总局）负责全国范围内体育赛事活动的监管。县级以上地方人民政府体育主管部门（以下简称地方体育部门）负责所辖区域内体育赛事活动的监管。

中华全国体育总会、中国奥林匹克委员会、地方体育总会、全国性单项体育协会、地方性单项体育协会以及其他体育协会（以下简称体育协会）按照法律法规及各自章程负责相关体育赛事活动的服务、引导和规范。

第 7 条 申办国际体育赛事活动，应当按照程序报批，未经批准，不得申办。

以下国际体育赛事活动需列入体育总局年度外事活动计划，并按照有关规定和审批权限报体育总局或国务院审批：体育总局主办或共同主办的重要国际体育赛事活动，国际体育组织主办的国际综合性运动会、世界锦标赛、世界杯赛、亚洲锦标赛、亚洲杯赛，涉及奥运会、亚运会资格或积分的赛事，全国性单项体育协会主办的跨省（区、市）组织的国际体育赛事活动，涉及海域、空域及地面敏感区域等特殊领域的国际体育赛事活动。

体育总局相关单位或全国性单项体育协会主办，或与地方共同主办但由体育总局相关单位或全国性单项体育协会主导的国际体育赛事活动，需列入体育总局外事活动计划，原则上由有外事审批权的地方人民政府或其有关部门审批。

地方自行主办，或与体育总局相关单位或全国性单项体育协会共同主办但由地方主导的国际体育赛事活动，由有外事审批权的地方人民政府或其有关部门审批，不列入体育总局外事活动计划，但应统一向体育总局备案。

其他商业性、群众性国际体育赛事活动，应当按照属地管理原则，根据地方有关规定办理外事手续。

参加以上体育赛事活动人员的来华邀请函、接待通知等相关外事手续，按照“谁审批谁邀请”的原则办理。

第10条　除第七、八条规定外，体育总局对体育赛事活动一律不做审批，公安、市场监管、卫生健康、交通运输、海事、无线电管理、外事等部门另有规定的，主办方或承办方应按规定办理。

地方体育部门应当按照国务院、地方人大和政府的相关规定，减少体育赛事活动审批；对保留的审批事项，不断优化服务。

地方体育部门应当积极协调推动地方人民政府，根据实际需要建立体育、公安、卫生等多部门对商业性、群众性大型体育赛事活动联合“一站式”服务机制或部门协同工作机制。

机关、企事业单位、社会组织和个人均可依法组织和举办体育赛事活动。

机关、事业单位、体育协会举办体育赛事活动，应当公开、公平、公正选择承办方，并鼓励和支持社会广泛参与。

2.《体育统计工作管理办法》（2009 年 3 月 30 日）

第 5 条 体育统计工作实行统一管理、分级负责。

国家体育总局在国家统计局的业务指导下，对全国体育统计工作实行统一管理。

县级以上地方主管体育工作的部门应在上级体育行政部门和同级统计行政部门的指导下，负责本行政区域内的体育统计工作。

第五十一条 体育赛事实行公平竞争的原则

体育赛事实行公平竞争的原则。

体育赛事活动组织者和运动员、教练员、裁判员应当遵守体育道德和体育赛事规则，不得弄虚作假、营私舞弊。

严禁任何组织和个人利用体育赛事从事赌博活动。

● 部门规章及文件

1.《体育赛事活动管理办法》（2020 年 1 月 17 日）

第 16 条 主办方或承办方应当根据国家或全国性单项体育协会有关裁判员管理的规定，按照公开、公平、公正、择优的原则确定体育赛事活动的裁判员。

第 21 条 体育赛事活动相关人员（包括参赛者、裁判员、志愿者、观众、体育赛事活动组织机构工作人员等，以下同）应当履行诚信、安全、有序的办赛、参赛、观赛义务，做到：

（一）遵守相关法律法规规定；

（二）遵守体育道德，不得弄虚作假、徇私舞弊，严禁使用兴奋剂、操纵比赛、冒名顶替等行为；

（三）遵守竞赛规则、规程、赛场行为规范和组委会的相关规定，自觉接受安全检查，服从现场管理，维护体育赛事活动正常秩序；

（四）遵守社会公德，不得损坏体育设施，不得影响和妨碍公共安全，不得在体育赛事活动中有违反社会公序良俗的言行。

第31条 全国性单项体育协会应当充分发挥专业优势，加强体育赛事活动的标准化、规范化建设，制定出台本项目体育赛事活动组织的办赛指南和参赛指引。

办赛指南应当包括组织体育赛事活动的基本条件、标准、规则、服务、保障以及对体育赛事活动主办方、承办方的基本要求等内容。

参赛指引应当包括符合一定年龄、身体、运动机能条件，承诺遵守竞赛规程、服从体育赛事活动安排等参与体育赛事活动的基本要求和需要知悉的基本常识。

2. **《运动员技术等级管理办法》**（2014年1月15日）

第33条 任何单位和个人发现违反本办法或等级标准等规定从事运动员技术等级有关活动的，有权举报。

审批单位应当公布接受举报的电话号码、通信地址、电子邮箱或传真号码等信息。接到举报后，应当及时核实、处理。

第五十二条 体育赛事标志及活动现场、音视频保护

在中国境内举办的体育赛事，其名称、徽记、旗帜及吉祥物等标志按照国家有关规定予以保护。

未经体育赛事活动组织者等相关权利人许可，不得以营利为目的采集或者传播体育赛事活动现场图片、音视频等信息。

行政法规及文件

1.《奥林匹克标志保护条例》（2018 年 6 月 28 日）

第 2 条　本条例所称奥林匹克标志，是指：

（一）国际奥林匹克委员会的奥林匹克五环图案标志、奥林匹克旗、奥林匹克格言、奥林匹克徽记、奥林匹克会歌；

（二）奥林匹克、奥林匹亚、奥林匹克运动会及其简称等专有名称；

（三）中国奥林匹克委员会的名称、徽记、标志；

（四）中国境内申请承办奥林匹克运动会的机构的名称、徽记、标志；

（五）在中国境内举办的奥林匹克运动会的名称及其简称、吉祥物、会歌、火炬造型、口号、“主办城市名称+举办年份”等标志，以及其组织机构的名称、徽记；

（六）《奥林匹克宪章》和相关奥林匹克运动会主办城市合同中规定的其他与在中国境内举办的奥林匹克运动会有关的标志。

第 3 条　本条例所称奥林匹克标志权利人，是指国际奥林匹克委员会、中国奥林匹克委员会和中国境内申请承办奥林匹克运动会的机构、在中国境内举办的奥林匹克运动会的组织机构。

2.《特殊标志管理条例》（1996 年 7 月 13 日）

第 6 条　举办社会公益活动的组织者或者筹备者对其使用的名称、会徽、吉祥物等特殊标志，需要保护的，应当向国务院工商行政管理部门提出登记申请。

登记申请可以直接办理，也可以委托他人代理。

第 21 条　经国务院批准代表中国参加国际性文化、体育、科学研究等活动的组织所使用的名称、徽记、吉祥物等标志的保护，参照本条例的规定施行。

● 部门规章及文件

3.《体育赛事活动管理办法》（2020 年 1 月 17 日）

第 18 条　体育赛事活动的名称、标志、举办权、赛事转播权和其他无形资产权利受法律保护，主办方和承办方可以进行市场开发依法依规获取相关收益，任何组织和个人不得侵犯。

体育赛事活动主办方、承办方应当增强权利保护意识，主动办理商标、专利、著作权等知识产权手续，通过合法手段保护体育赛事活动相关权益。

第 41 条　违反本办法规定的行为，有关法律、法规、规章已有处罚规定的从其规定。

主办方或承办方违反本办法规定，有下列情形之一的，由地方体育部门或其委托的综合行政执法部门责令改正，情节恶劣的视情节处以 30000 元以下罚款，属于非经营活动的处以 1000 元以下罚款。

（一）不符合本办法第七条、第八条对体育赛事活动审批规定的；

（二）不符合本办法第九条对境外非政府组织在中国境内举办体育赛事活动规定的；

（三）不符合本办法第十一条、第十二条对体育赛事活动名称规定的；

（四）造成人身财产伤害事故或重大不良社会影响的；

（五）其他侵犯他人或其他组织合法权益的。

第五章　反兴奋剂

第五十三条　禁止使用兴奋剂

国家提倡健康文明、公平竞争的体育运动，禁止在体育运动中使用兴奋剂。

任何组织和个人不得组织、强迫、欺骗、教唆、引诱体育运动参加者在体育运动中使用兴奋剂，不得向体育运动参加者提供或者变相提供兴奋剂。

行政法规及文件

1.《反兴奋剂条例》（2018 年 9 月 18 日）

第 3 条 国家提倡健康、文明的体育运动，加强反兴奋剂的宣传、教育和监督管理，坚持严格禁止、严格检查、严肃处理的反兴奋剂工作方针，禁止使用兴奋剂。

任何单位和个人不得向体育运动参加者提供或者变相提供兴奋剂。

第 19 条 体育社会团体、运动员管理单位和其他单位，不得向运动员提供兴奋剂，不得组织、强迫、欺骗运动员在体育运动中使用兴奋剂。

科研单位不得为使用兴奋剂或者逃避兴奋剂检查提供技术支持。

第 23 条 运动员辅助人员应当教育、提示运动员不得使用兴奋剂，并向运动员提供有关反兴奋剂规则的咨询。

运动员辅助人员不得向运动员提供兴奋剂，不得组织、强迫、欺骗、教唆、协助运动员在体育运动中使用兴奋剂，不得阻挠兴奋剂检查，不得实施影响采样结果的行为。

运动员发现运动员辅助人员违反前款规定的，有权检举、控告。

第 40 条 运动员辅助人员组织、强迫、欺骗、教唆运动员在体育运动中使用兴奋剂的，由国务院体育主管部门或者省、自治区、直辖市人民政府体育主管部门收缴非法持有的兴奋剂；4 年内不得从事运动员辅助工作和体育管理工作；情节严重的，终身不得从事运动员辅助工作和体育管理工作；造成运动员人身损害的，依法承担民事赔偿责任；构成犯罪的，依法追究刑事责任。

运动员辅助人员向运动员提供兴奋剂，或者协助运动员在体育运动中使用兴奋剂，或者实施影响采样结果行为的，由国务院体育主管部门或者省、自治区、直辖市人民政府体育主管部门收缴非法持有的兴奋剂；2 年内不得从事运动员辅助工作和体育管理工作；情节严重的，终身不得从事运动员辅助工作和体育管理工作；造成运动员人身损害的，依法承担民事赔偿责任；构成犯罪的，依法追究刑事责任。

部门规章及文件

2. **《反兴奋剂管理办法》**（2021 年 7 月 20 日）

第 33 条　发生兴奋剂违规且被禁赛的运动员和辅助人员，禁赛期内相关管理单位应禁止其从事运动员辅助工作和运动队管理工作，禁止使用政府所属或者资助的体育场馆设施进行训练，取消与体育相关的政府津贴、补助或者其他经济资助，取消体育系统各类奖励、奖项、荣誉称号、职称、科研项目的申报和评比资格。

发生兴奋剂违规且被禁赛的运动员和辅助人员，禁赛期满后 4 年内，相关管理单位应取消其参加体育系统各类评优评先、荣誉称号、职称、科研项目的申报和评比资格。

代表国家队参加奥运会、亚运会等重大国际赛事期间发生兴奋剂违规的运动员和辅助人员，组织、强迫、欺骗、教唆运动员使用兴奋剂或对运动员施用兴奋剂的辅助人员，以及发生其他严重兴奋剂违规的人员，终身取消参加体育系统各类评优评先、荣誉称号、职称、科研项目的申报和评比资格，严禁参与国家队和省区市运动队运动员训练指导、体育教学、青少年体育等工作。涉嫌犯罪的，移交监察机关或者司法机关，依法追究刑事责任。

因兴奋剂违规被禁赛 1 年以上（不含 1 年）的运动员和辅助

人员，不得以任何身份入选国家队。禁赛期在1年及1年以下的，进入国家队需严格审核。

第五十四条 建立健全反兴奋剂制度

国家建立健全反兴奋剂制度。

县级以上人民政府体育行政部门会同卫生健康、教育、公安、工信、商务、药品监管、交通运输、海关、农业、市场监管等部门，对兴奋剂问题实施综合治理。

● 行政法规及文件

1.《反兴奋剂条例》（2018年9月18日）

第2条 本条例所称兴奋剂，是指兴奋剂目录所列的禁用物质等。兴奋剂目录由国务院体育主管部门会同国务院药品监督管理部门、国务院卫生主管部门、国务院商务主管部门和海关总署制定、调整并公布。

第4条 国务院体育主管部门负责并组织全国的反兴奋剂工作。

县级以上人民政府负责药品监督管理的部门和卫生、教育等有关部门，在各自职责范围内依照本条例和有关法律、行政法规的规定负责反兴奋剂工作。

第5条 县级以上人民政府体育主管部门，应当加强反兴奋剂宣传、教育工作，提高体育运动参加者和公众的反兴奋剂意识。

广播电台、电视台、报刊媒体以及互联网信息服务提供者应当开展反兴奋剂的宣传。

● 部门规章及文件

2.《反兴奋剂管理办法》（2021年7月20日）

第8条 国家体育总局领导、协调和监督全国的反兴奋剂工作，具体职责包括：

（一）制定反兴奋剂管理制度与规章；

（二）制定反兴奋剂发展规划；

（三）开展反兴奋剂宣传教育；

（四）制定兴奋剂检测机构管理制度并实施监管；

（五）协调和推动跨部门合作开展兴奋剂综合治理；

（六）指导、监督省级体育行政部门、国家反兴奋剂机构、全国性体育社会团体、国家运动项目管理单位反兴奋剂工作的实施；

（七）开展政府间反兴奋剂国际交流与合作。

第 10 条 国家反兴奋剂机构的具体职责包括：

（一）制定教育、检查、调查、结果管理、听证和治疗用药豁免等方面的程序和标准；

（二）组织实施兴奋剂检查；

（三）实施对涉嫌兴奋剂违规的调查、听证、结果管理和监督；

（四）开展反兴奋剂科学研究、宣传教育和社会服务；

（五）参与兴奋剂综合治理；

（六）组织开展反兴奋剂国际交流；

（七）指导、协调、监督各省区市和各级各类体育组织开展反兴奋剂工作。

第 18 条 国家体育总局负责建立反兴奋剂教育考试制度，国家反兴奋剂机构负责制定反兴奋剂教育考试细则并组织实施。地方各级体育行政部门、全国性体育社会团体、国家运动项目管理单位、运动员管理单位负责实施反兴奋剂教育考试制度，并将其作为运动员和辅助人员入队入职、注册和参赛的必要条件。

3. **《体育赛事活动管理办法》**（2020 年 1 月 17 日）

第 44 条 体育赛事活动中出现假球、黑哨、赌球、兴奋剂违规等行为的，体育赛事活动主办方、承办方及相关人员应当配合公安、市场监管、体育等部门依法依规处理，构成犯罪的依法追究刑事责任。

第五十五条 制定反兴奋剂规范

国务院体育行政部门负责制定反兴奋剂规范。

行政法规及文件

1.《反兴奋剂条例》（2018 年 9 月 18 日）

第 31 条 国务院体育主管部门应当制定兴奋剂检查规则和兴奋剂检查计划并组织实施。

第 32 条 国务院体育主管部门应当根据兴奋剂检查计划，决定对全国性体育竞赛的参赛运动员实施赛内兴奋剂检查；并可以决定对省级体育竞赛的参赛运动员实施赛内兴奋剂检查。

其他体育竞赛需要进行赛内兴奋剂检查的，由竞赛组织者决定。

第 40 条 运动员辅助人员组织、强迫、欺骗、教唆运动员在体育运动中使用兴奋剂的，由国务院体育主管部门或者省、自治区、直辖市人民政府体育主管部门收缴非法持有的兴奋剂；4 年内不得从事运动员辅助工作和体育管理工作；情节严重的，终身不得从事运动员辅助工作和体育管理工作；造成运动员人身损害的，依法承担民事赔偿责任；构成犯罪的，依法追究刑事责任。

运动员辅助人员向运动员提供兴奋剂，或者协助运动员在体育运动中使用兴奋剂，或者实施影响采样结果行为的，由国务院体育主管部门或者省、自治区、直辖市人民政府体育主管部门收缴非法持有的兴奋剂；2 年内不得从事运动员辅助工作和体育管理工作；情节严重的，终身不得从事运动员辅助工作和体育管理工作；造成运动员人身损害的，依法承担民事赔偿责任；构成犯罪的，依法追究刑事责任。

● 部门规章及文件

2.《反兴奋剂管理办法》(2021 年 7 月 20 日)

第 5 条 国家体育总局主管全国的反兴奋剂工作。地方各级体育行政部门主管本地区的反兴奋剂工作。

国家反兴奋剂机构、全国性体育社会团体、国家运动项目管理单位、运动员管理单位、全国综合性运动会组织机构在各自职责范围内负责开展反兴奋剂工作。

第 8 条 国家体育总局领导、协调和监督全国的反兴奋剂工作，具体职责包括：

(一) 制定反兴奋剂管理制度与规章；

(二) 制定反兴奋剂发展规划；

(三) 开展反兴奋剂宣传教育；

(四) 制定兴奋剂检测机构管理制度并实施监管；

(五) 协调和推动跨部门合作开展兴奋剂综合治理；

(六) 指导、监督省级体育行政部门、国家反兴奋剂机构、全国性体育社会团体、国家运动项目管理单位反兴奋剂工作的实施；

(七) 开展政府间反兴奋剂国际交流与合作。

第 18 条 国家体育总局负责建立反兴奋剂教育考试制度，国家反兴奋剂机构负责制定反兴奋剂教育考试细则并组织实施。地方各级体育行政部门、全国性体育社会团体、国家运动项目管理单位、运动员管理单位负责实施反兴奋剂教育考试制度，并将其作为运动员和辅助人员入队入职、注册和参赛的必要条件。

第五十六条 制定、公布兴奋剂目录

国务院体育行政部门会同国务院药品监管、卫生健康、商务、海关等部门制定、公布兴奋剂目录，并动态调整。

行政法规及文件

《反兴奋剂条例》（2018 年 9 月 18 日）

第 25 条 在体育社会团体注册的运动员、运动员辅助人员凭依法享有处方权的执业医师开具的处方，方可持有含有兴奋剂目录所列禁用物质的药品。

在体育社会团体注册的运动员接受医疗诊断时，应当按照兴奋剂检查规则的规定向医师说明其运动员身份。医师对其使用药品时，应当首先选择不含兴奋剂目录所列禁用物质的药品；确需使用含有这类禁用物质的药品的，应当告知其药品性质和使用后果。

第 26 条 在全国性体育社会团体注册的运动员，因医疗目的确需使用含有兴奋剂目录所列禁用物质的药品的，应当按照兴奋剂检查规则的规定申请核准后方可使用。

第五十七条 国家设立反兴奋剂机构

国家设立反兴奋剂机构。反兴奋剂机构及其检查人员依照法定程序开展检查，有关单位和人员应当予以配合，任何单位和个人不得干涉。

反兴奋剂机构依法公开反兴奋剂信息，并接受社会监督。

第五章

行政法规及文件

《反兴奋剂条例》（2018 年 9 月 18 日）

第 35 条 实施兴奋剂检查，应当有 2 名以上检查人员参加。检查人员履行兴奋剂检查职责时，应当出示兴奋剂检查证件；向运动员采集受检样本时，还应当出示按照兴奋剂检查规则签发的一次性兴奋剂检查授权书。

检查人员履行兴奋剂检查职责时，有权进入体育训练场所、体育竞赛场所和运动员驻地。有关单位和人员应当对检查人员履行兴奋剂检查职责予以配合，不得拒绝、阻挠。

第五十八条 开展反兴奋剂宣传、教育工作

县级以上人民政府体育行政部门组织开展反兴奋剂宣传、教育工作，提高体育活动参与者和公众的反兴奋剂意识。

行政法规及文件

1. **《反兴奋剂条例》**（2018 年 9 月 18 日）

第 5 条 县级以上人民政府体育主管部门，应当加强反兴奋剂宣传、教育工作，提高体育运动参加者和公众的反兴奋剂意识。

广播电台、电视台、报刊媒体以及互联网信息服务提供者应当开展反兴奋剂的宣传。

第 29 条 实施中等及中等以上教育的学校和其他教育机构应当加强反兴奋剂教育，提高学生的反兴奋剂意识，并采取措施防止在学校体育活动中使用兴奋剂；发现学生使用兴奋剂，应当予以制止。

体育专业教育应当包括反兴奋剂的教学内容。

部门规章及文件

2. **《反兴奋剂管理办法》**（2021 年 7 月 20 日）

第 11 条 全国性体育社会团体按照有关法律法规、本办法和社团章程负责本社团的反兴奋剂工作，具体职责包括：

（一）制定本社团反兴奋剂工作规则和工作计划，明确反兴奋剂工作职责和责任；

（二）加强对国家队反兴奋剂宣传教育和管理，提高管理人员反兴奋剂意识和能力；

（三）监督地方体育社会团体履行反兴奋剂职责；

（四）开展所属运动员及有关人员涉嫌兴奋剂违规的调查，

实施兴奋剂违规处理。

第 16 条 各级体育行政部门、国家反兴奋剂机构、全国性体育社会团体、国家运动项目管理单位、运动员管理单位、全国综合性运动会组织机构应当重视和加强反兴奋剂宣传，积极与媒体合作，通过各种形式开展反兴奋剂宣传工作，全面推进反兴奋剂教育，共同构建反兴奋剂教育预防体系。

第五十九条 反兴奋剂科学技术研究

国家鼓励开展反兴奋剂科学技术研究，推广先进的反兴奋剂技术、设备和方法。

法 律

《科学技术进步法》（2021 年 12 月 24 日）

第 41 条 国家鼓励企业加强原始创新，开展技术合作与交流，增加研究开发和技术创新的投入，自主确立研究开发课题，开展技术创新活动。

国家鼓励企业对引进技术进行消化、吸收和再创新。

企业开发新技术、新产品、新工艺发生的研究开发费用可以按照国家有关规定，税前列支并加计扣除，企业科学技术研究开发仪器、设备可以加速折旧。

第六十条 反兴奋剂国际合作

国家根据缔结或者参加的有关国际条约，开展反兴奋剂国际合作，履行反兴奋剂国际义务。

第六章 体育组织

第六十一条 体育组织开展体育活动

国家鼓励、支持体育组织依照法律法规和章程开展体育活动，推动体育事业发展。

国家鼓励体育组织积极参加国际体育交流合作，参与国际体育运动规则的制定。

● 宪 法

《宪法》（2018 年 3 月 11 日）

第 21 条 国家发展医疗卫生事业，发展现代医药和我国传统医药，鼓励和支持农村集体经济组织、国家企业事业组织和街道组织举办各种医疗卫生设施，开展群众性的卫生活动，保护人民健康。

国家发展体育事业，开展群众性的体育活动，增强人民体质。

第六十二条 中华全国体育总会和地方各级体育总会

中华全国体育总会和地方各级体育总会是团结各类体育组织和体育工作者、体育爱好者的群众性体育组织，应当在发展体育事业中发挥作用。

● 行政法规及文件

1. **《全民健身条例》**（2016 年 2 月 6 日）

第 12 条 每年 8 月 8 日为全民健身日。县级以上人民政府及其有关部门应当在全民健身日加强全民健身宣传。

国家机关、企业事业单位和其他组织应当在全民健身日结合自身条件组织本单位人员开展全民健身活动。

县级以上人民政府体育主管部门应当在全民健身日组织开展免费健身指导服务。

公共体育设施应当在全民健身日向公众免费开放；国家鼓励其他各类体育设施在全民健身日向公众免费开放。

部门规章及文件

2. **《体育赛事活动管理办法》**（2020 年 1 月 17 日）

第 3 条 体育赛事活动应当坚持政府监管与行业自律相结合的原则，实行分级分类管理，加强事中事后监管，优化体育赛事活动服务。

国家体育总局（以下简称体育总局）负责全国范围内体育赛事活动的监管。县级以上地方人民政府体育主管部门（以下简称地方体育部门）负责所辖区域内体育赛事活动的监管。

中华全国体育总会、中国奥林匹克委员会、地方体育总会、全国性单项体育协会、地方性单项体育协会以及其他体育协会（以下简称体育协会）按照法律法规及各自章程负责相关体育赛事活动的服务、引导和规范。

3. **《社会体育指导员管理办法》**（2011 年 10 月 9 日）

第 26 条 各级体育主管部门应当明确基层文化体育组织、群众性体育组织和全民健身设施的管理单位配备社会体育指导员的数量和等级要求，组织社会体育指导员依托各级各类体育组织和设施开展志愿服务。

第六十三条 中国奥林匹克委员会

中国奥林匹克委员会是以发展体育和推动奥林匹克运动为主要任务的体育组织，代表中国参与国际奥林匹克事务。

● 部门规章及文件

《体育赛事活动管理办法》（2020 年 1 月 17 日）

第 3 条 体育赛事活动应当坚持政府监管与行业自律相结合的原则，实行分级分类管理，加强事中事后监管，优化体育赛事活动服务。

国家体育总局（以下简称体育总局）负责全国范围内体育赛事活动的监管。县级以上地方人民政府体育主管部门（以下简称地方体育部门）负责所辖区域内体育赛事活动的监管。

中华全国体育总会、中国奥林匹克委员会、地方体育总会、全国性单项体育协会、地方性单项体育协会以及其他体育协会（以下简称体育协会）按照法律法规及各自章程负责相关体育赛事活动的服务、引导和规范。

第 6 条 体育总局以及中华全国体育总会、中国奥林匹克委员会主办的全国综合性运动会，由省、自治区、直辖市人民政府按照综合性运动会申办管理规定申办，报国务院批准后举办。

地方体育部门以及地方体育总会主办的所辖区域内的综合性运动会自行确定申办办法。

第六十四条 体育科学社会团体

体育科学社会团体是体育科学技术工作者的学术性体育社会组织，应当在发展体育科技事业中发挥作用。

● 法 律

《科学技术进步法》（2021 年 12 月 24 日）

第 12 条 国家发展科学技术普及事业，普及科学技术知识，加强科学技术普及基础设施和能力建设，提高全体公民特别是青少年的科学文化素质。

科学技术普及是全社会的共同责任。国家建立健全科学技术普及激励机制，鼓励科学技术研究开发机构、高等学校、企业事业单位、社会组织、科学技术人员等积极参与和支持科学技术普及活动。

第60条　各级人民政府、企业事业单位和社会组织应当采取措施，完善体现知识、技术等创新要素价值的收益分配机制，优化收入结构，建立工资稳定增长机制，提高科学技术人员的工资水平；对有突出贡献的科学技术人员给予优厚待遇和荣誉激励。

利用财政性资金设立的科学技术研究开发机构和高等学校的科学技术人员，在履行岗位职责、完成本职工作、不发生利益冲突的前提下，经所在单位同意，可以从事兼职工作获得合法收入。技术开发、技术咨询、技术服务等活动的奖酬金提取，按照科技成果转化有关规定执行。

国家鼓励科学技术研究开发机构、高等学校、企业等采取股权、期权、分红等方式激励科学技术人员。

第70条　科学技术人员有依法创办或者参加科学技术社会团体的权利。

科学技术协会和科学技术社会团体按照章程在促进学术交流、推进学科建设、推动科技创新、开展科学技术普及活动、培养专门人才、开展咨询服务、加强科学技术人员自律和维护科学技术人员合法权益等方面发挥作用。

科学技术协会和科学技术社会团体的合法权益受法律保护。

第80条　中华人民共和国政府发展同外国政府、国际组织之间的科学技术合作与交流。

国家鼓励科学技术研究开发机构、高等学校、科学技术社会团体、企业和科学技术人员等各类创新主体开展国际科学技术合作与交流，积极参与科学研究活动，促进国际科学技术资源开放流动，形成高水平的科技开放合作格局，推动世界科学技术进步。

第六十五条 全国性单项体育协会

全国性单项体育协会是依法登记的体育社会组织，代表中国参加相应的国际单项体育组织，根据章程加入中华全国体育总会、派代表担任中国奥林匹克委员会委员。

全国性单项体育协会负责相应项目的普及与提高，制定相应项目技术规范、竞赛规则、团体标准，规范体育赛事活动。

部门规章及文件

1. **《体育赛事活动管理办法》**（2020年1月17日）

第3条 体育赛事活动应当坚持政府监管与行业自律相结合的原则，实行分级分类管理，加强事中事后监管，优化体育赛事活动服务。

国家体育总局（以下简称体育总局）负责全国范围内体育赛事活动的监管。县级以上地方人民政府体育主管部门（以下简称地方体育部门）负责所辖区域内体育赛事活动的监管。

中华全国体育总会、中国奥林匹克委员会、地方体育总会、全国性单项体育协会、地方性单项体育协会以及其他体育协会（以下简称体育协会）按照法律法规及各自章程负责相关体育赛事活动的服务、引导和规范。

第6条 体育总局以及中华全国体育总会、中国奥林匹克委员会主办的全国综合性运动会，由省、自治区、直辖市人民政府按照综合性运动会申办管理规定申办，报国务院批准后举办。

第9条 境外非政府组织在中国境内举办的体育赛事活动，应当经省级人民政府体育部门同意，并报同级公安机关备案。

全国性单项体育协会代表中国参加相应的国际单项体育组织，任何组织和个人在中国境内主办或承办相应的国际单项体育组织的体育赛事活动，应当与全国性单项体育协会协商一致。

第 13 条　体育赛事活动主办方和承办方应当建立组委会等组织机制，根据需要组建竞赛、安全、新闻、医疗等专门委员会，明确举办体育赛事活动的分工和责任，协同合作。

承办方应当做好体育赛事活动各项保障工作，负责体育赛事活动的安全，对重要体育赛事活动进行风险评估，制定相关预案及安全工作方案，并督促落实各项具体措施。主办方直接承担体育赛事活动筹备和组织工作的，履行承办方责任。

协办方应当确保其提供的产品或服务的质量和安全。

第 16 条　主办方或承办方应当根据国家或全国性单项体育协会有关裁判员管理的规定，按照公开、公平、公正、择优的原则确定体育赛事活动的裁判员。

第 31 条　全国性单项体育协会应当充分发挥专业优势，加强体育赛事活动的标准化、规范化建设，制定出台本项目体育赛事活动组织的办赛指南和参赛指引。

第 38 条　全国性单项体育协会应当在协会章程中规定本项目体育赛事活动管理的内容，并制定相关管理办法，出台本项目体育赛事活动组织的团体标准、奖惩措施、信用管理、反兴奋剂工作等规范，加强行业自律。

2.《体育竞赛裁判员管理办法》（2015 年 9 月 23 日）

第 6 条　全国单项协会负责本项目我国国际级裁判员注册和日常管理工作，并对我国国际级裁判员在国内举办的体育竞赛中的执裁工作进行监管。国际单项体育组织对所属国际级裁判管理有其他规定的按其规定办理。

第 34 条　全国单项体育协会选派裁判员参加全国性、国际性体育竞赛的裁判工作，应向裁判员注册申报单位所在的省级体育行政主管部门或地方单项协会备案。

第六十六条　单项体育协会应当依法维护会员的合法权益

单项体育协会应当依法维护会员的合法权益，积极向有关单位反映会员的意见和建议。

● 行政法规及文件

1.《全民健身条例》（2016年2月6日）

第16条　工会、共青团、妇联、残联等社会团体应当结合自身特点，组织成员开展全民健身活动。

单项体育协会应当将普及推广体育项目和组织开展全民健身活动列入工作计划，并对全民健身活动给予指导和支持。

● 部门规章及文件

2.《体育赛事活动管理办法》（2020年1月17日）

第3条　体育赛事活动应当坚持政府监管与行业自律相结合的原则，实行分级分类管理，加强事中事后监管，优化体育赛事活动服务。

国家体育总局（以下简称体育总局）负责全国范围内体育赛事活动的监管。县级以上地方人民政府体育主管部门（以下简称地方体育部门）负责所辖区域内体育赛事活动的监管。

中华全国体育总会、中国奥林匹克委员会、地方体育总会、全国性单项体育协会、地方性单项体育协会以及其他体育协会（以下简称体育协会）按照法律法规及各自章程负责相关体育赛事活动的服务、引导和规范。

第33条　全国性单项体育协会应当制定体育赛事活动服务收费标准并向社会公布，可以根据其在体育赛事活动中提供的服务依法合规收取相应费用，但不得提供强制服务，不得以任何借口违法违规收取费用。

第六十七条 单项体育协会应当接受指导和监管

单项体育协会应当接受体育行政部门的指导和监管，健全内部治理机制，制定行业规则，加强行业自律。

部门规章及文件

《体育赛事活动管理办法》（2020 年 1 月 17 日）

第 3 条 体育赛事活动应当坚持政府监管与行业自律相结合的原则，实行分级分类管理，加强事中事后监管，优化体育赛事活动服务。

国家体育总局（以下简称体育总局）负责全国范围内体育赛事活动的监管。县级以上地方人民政府体育主管部门（以下简称地方体育部门）负责所辖区域内体育赛事活动的监管。

中华全国体育总会、中国奥林匹克委员会、地方体育总会、全国性单项体育协会、地方性单项体育协会以及其他体育协会（以下简称体育协会）按照法律法规及各自章程负责相关体育赛事活动的服务、引导和规范。

第 31 条 全国性单项体育协会应当充分发挥专业优势，加强体育赛事活动的标准化、规范化建设，制定出台本项目体育赛事活动组织的办赛指南和参赛指引。

办赛指南应当包括组织体育赛事活动的基本条件、标准、规则、服务、保障以及对体育赛事活动主办方、承办方的基本要求等内容。

参赛指引应当包括符合一定年龄、身体、运动机能条件，承诺遵守竞赛规程、服从体育赛事活动安排等参与体育赛事活动的基本要求和需要知悉的基本常识。

第 38 条 全国性单项体育协会应当在协会章程中规定本项目体育赛事活动管理的内容，并制定相关管理办法，出台本项目体育赛事活动组织的团体标准、奖惩措施、信用管理、反兴奋剂工作等规范，加强行业自律。

第六十八条　各类自治性体育组织

国家鼓励发展青少年体育俱乐部、社区健身组织等各类自治性体育组织。

法　律

1.《基本医疗卫生与健康促进法》（2019年12月28日）

第75条　国家发展全民健身事业，完善覆盖城乡的全民健身公共服务体系，加强公共体育设施建设，组织开展和支持全民健身活动，加强全民健身指导服务，普及科学健身知识和方法。

国家鼓励单位的体育场地设施向公众开放。

行政法规及文件

2.《全民健身条例》（2016年2月6日）

第2条　县级以上地方人民政府应当将全民健身事业纳入本级国民经济和社会发展规划，有计划地建设公共体育设施，加大对农村地区和城市社区等基层公共体育设施建设的投入，促进全民健身事业均衡协调发展。

国家支持、鼓励、推动与人民群众生活水平相适应的体育消费以及体育产业的发展。

第3条　国家推动基层文化体育组织建设，鼓励体育类社会团体、体育类民办非企业单位等群众性体育组织开展全民健身活动。

第12条　每年8月8日为全民健身日。县级以上人民政府及其有关部门应当在全民健身日加强全民健身宣传。

国家机关、企业事业单位和其他组织应当在全民健身日结合自身条件组织本单位人员开展全民健身活动。

县级以上人民政府体育主管部门应当在全民健身日组织开展免费健身指导服务。

公共体育设施应当在全民健身日向公众免费开放；国家鼓励其他各类体育设施在全民健身日向公众免费开放。

第18条 鼓励全民健身活动站点、体育俱乐部等群众性体育组织开展全民健身活动，宣传科学健身知识；县级以上人民政府体育主管部门和其他有关部门应当给予支持。

第31条 国家加强社会体育指导人员队伍建设，对全民健身活动进行科学指导。

国家对不以收取报酬为目的向公众提供传授健身技能、组织健身活动、宣传科学健身知识等服务的社会体育指导人员实行技术等级制度。县级以上地方人民政府体育主管部门应当免费为其提供相关知识和技能培训，并建立档案。

国家对以健身指导为职业的社会体育指导人员实行职业资格证书制度。以对高危险性体育项目进行健身指导为职业的社会体育指导人员，应当依照国家有关规定取得职业资格证书。

第七章　体育产业

第六十九条　促进体育产业高质量发展

国家制定体育产业发展规划，扩大体育产业规模，增强体育产业活力，促进体育产业高质量发展，满足人民群众多样化体育需求。

县级以上人民政府应当建立政府多部门合作的体育产业发展工作协调机制。

行政法规及文件

1. **《全民健身条例》**（2016年2月6日）

第2条 县级以上地方人民政府应当将全民健身事业纳入本级国民经济和社会发展规划，有计划地建设公共体育设施，加大对农村地区和城市社区等基层公共体育设施建设的投入，促进全民健身事业均衡协调发展。

国家支持、鼓励、推动与人民群众生活水平相适应的体育消费以及体育产业的发展。

● 部门规章及文件

2.《体育场馆运营管理办法》（2015 年 1 月 15 日）

第一章　总　　则

第 1 条　为规范体育场馆运营管理，充分发挥体育场馆的体育服务功能，更好满足人民群众开展体育活动的需求，促进体育产业和体育事业协调发展，根据《中华人民共和国体育法》、《公共文化体育设施条例》以及《事业单位国有资产管理暂行办法》等相关法律法规，制定本办法。

第 2 条　本办法适用于体育系统各级各类体育场馆。

本办法所称体育场馆运营单位，是指具有体育场馆整体经营权，负责场馆和设施的运营、管理和维护，为公众开展体育活动提供服务的机构。

第 3 条　体育场馆应当在坚持公益属性和体育服务功能，保障运动队训练、体育赛事活动、全民健身等体育事业任务的前提下，按照市场化和规范化运营原则，充分挖掘场馆资源，开展多种形式的经营和服务，发展体育及相关产业，提高综合利用水平，促进社会效益和经济效益相统一。

第 4 条　县级以上各级体育主管部门负责本级体育场馆运营的监督和管理。

上级体育主管部门负责对下级体育主管部门体育场馆运营监督管理工作开展指导和检查。

第二章　运营内容与方式

第 5 条　体育场馆应当按照以体为本、多元经营的要求，突出体育功能，强化公共服务，拓宽服务领域，提高服务水平，全面提升运营效能。

鼓励有条件的体育场馆发展体育旅游、体育会展、体育商贸、康体休闲、文化演艺等多元业态，建设体育服务综合体和体育产业集群。

第 6 条 体育场馆应当结合当地经济社会发展水平、城市发展需要、消费特点和趋势，统筹规划运营定位、服务项目和经营内容，提高综合服务功能。

鼓励体育场馆根据运营实际需要，充分利用场馆闲置空间，依照国家有关标准和规范，合理开展适用性改造，完善场地和服务设施。

第 7 条 体育场馆应当建立适合自身特点、符合行业发展规律、与地方经济社会发展水平相适应、能够充分发挥场馆效能的运营模式。

积极推进场馆管理体制改革和运营机制创新，推动场馆所有权和经营权两权分离，引入和运用现代企业制度，激发场馆活力。

鼓励采取参股、合作、委托等方式，引入企业、社会组织等多种主体，以混合所有制等形式参与场馆运营。鼓励有条件的场馆通过连锁等模式扩大品牌输出、管理输出和资本输出，提升规模化、专业化、社会化运营水平。

第 8 条 体育场馆应当以体育本体经营为主，做好专业技术服务，开展场地开放、健身服务、竞赛表演、体育培训、运动指导、健康管理等体育经营服务。

第 9 条 训练场馆和专业性较强的场馆在保障专业训练、比赛等任务的前提下积极创造条件对社会开放。

除上述场馆之外的其它体育场馆每周开放时间一般不少于 35 小时，全年开放时间一般不少于 330 天。国家法定节假日、全民健身日和学校寒暑假期间，每天开放时间不得少于 8 小时。

因场馆类型、气候条件、承担专业训练和竞赛任务等原因，不能按照本办法规定对外开放的，可由省级体育主管部门视具体情况自行制定开放时间要求，向公众公示。

第 10 条　体育场馆应当突出体育赛事和群体活动的承载功能，全年举办的活动中非体育类活动次数不得超过总活动次数的 40%。

鼓励有条件的体育场馆举办具有自主品牌的群众性体育赛事，承接职业联赛，引进国内外知名体育赛事。

第 11 条　体育场馆应当完善配套服务，优化消费环境，提供与健身、竞赛、培训等功能相适应的商业服务，不得经营含有奢侈和低俗内容的商品和服务。

场馆主体部分，包括场地和看台等，除进行广告等无形资产开发外，不得占用进行商业开发。

场馆主体部分附属设施，包括除主体部分以外的室内附属用房等，可在不影响设施原有功能的前提下，适度进行商业开发。

场馆配套设施，包括按规划建设的、与体育场馆或场馆群相配套的室内外非体育设施和用房，可结合城市发展需要，根据规划和功能定位进行多元开发。

第 12 条　鼓励体育场馆充分挖掘利用资源，采用多种方式加强无形资产开发，扩大无形资产价值和经营效益。涉及冠名、广告等无形资产开发的，应当符合工商、市容、广告、安全等相关规定，禁止发布和变相发布国家工商和广告法律法规中明确禁止的广告内容。

第 13 条　体育场馆应当加强品牌建设，拓宽营销渠道，宣传普及健身知识，引入新型消费和服务模式，培育健身消费市场。

体育场馆应当健全信息服务系统，建立客户维护体系，有条件的场馆可建立网络服务平台，提供多样化、人性化服务，提升客户体验。

第 14 条 利用体育场馆经营高危险性体育项目的，应当依法办理审批手续，严格按照项目开放标准和要求开展经营活动。

第三章 经营管理

第 15 条 体育场馆运营单位应当完善法人治理结构，建立科学决策机制，对重大事项决策、重要干部任免、重大项目安排和大额度资金使用事项应当实行集体决策。

体育场馆运营单位应当结合运营需要，配备专业运营团队，合理设置内设部门和岗位，完善运行管理体系，健全管理制度，建立激励约束和绩效考核机制。

第 16 条 体育场馆运营单位应当加强人才培养和引进，完善员工培训体系，建立符合场馆发展需要的人才队伍。

体育场馆运营单位应当依法规范用工，相关专业技术人员必须持证上岗。

第 17 条 体育场馆运营单位应当制定服务规范，明确服务标准和流程，配备专职服务人员，提供专业化、标准化、规范化服务。

体育场馆运营单位应当开展顾客服务满意度评价，及时改进和提高服务水平。鼓励体育场馆运营单位参与服务质量认证。

体育场馆运营单位应当做好基础信息统计，加强健身人群、培训人数等数据统计和分析，动态调整经营策略和服务方式。

第 18 条 体育场馆运营单位应当保证场馆及设施符合消防、卫生、安全、环保等要求，配备安全保护设施和人员，在醒目位置标明设施的使用方法和注意事项，确保场馆设施安全正常使用。

体育场馆运营单位应当完善安全管理制度，健全应急救护措施和突发公共事件预防预警及应急处置预案，定期开展安全检查、培训和演习。

体育场馆运营单位应当投保有关责任保险，提供意外伤害险购买服务并尽到提示购买义务。

第19条　体育场馆所属房产出租、出借的，经营内容应当符合本办法规定和场馆运营规划，不得出租、出借给存在社会负面影响、易损害体育场馆社会形象的经营业态，且须符合国家和当地的相关规定。

体育场馆主体部分因举办公益性活动或者大型文化活动等特殊情况临时出租的，时间单次一般不得超过10日；出租期间，不得进行改变功能的改造。租用期满应立即恢复原状，不得影响该场馆的功能、用途。

第20条　体育场馆开展无形资产开发、房屋出租等经营，应引入第三方评估，并采用公开招标或竞争性谈判等方式确定合作对象和价格等内容。

体育场馆运营单位应当加强合同管理，规范合同签订、履行、变更和终止，相关协议涉及到本办法有明确规定事项的，需在合同中约定。

体育场馆运营单位应当加强合同履行监管，及时制止擅自变更经营业态、擅自转租等行为，必要时按法定程序中止或解除合同。

第21条　体育场馆运营单位应当将运营经费纳入预算管理，并严格遵守国家相关财务规范，健全财务管理制度和体系，规范预算、收支和专项资金使用。

第22条　体育场馆运营单位应加强能源管理，采取节能措施，降低单位能耗，节约运营成本。

鼓励体育场馆运营单位引入环卫、安保、工程、绿化等专业服务机构，提升场馆区域范围内物业管理和服务的专业化水平。

鼓励有条件的场馆配备全面视频监控，实行动态管理，场地等重要场所监控录像保留时间不低于30日。

第 23 条　体育场馆运营单位应当公示服务内容、开放时间、收费项目和价格、免费或低收费开放措施等内容。除不可抗力外，因维修、保养、安全、训练、赛事等原因，不能向社会开放或调整开放时间的，应当提前 7 日向公众公示。

第四章　监督管理

第 24 条　体育主管部门应当加强对体育场馆运营管理工作的监督，建立健全科学合理的体育场馆运营监督管理责任制，并将工作监督和管理责任落实到具体部门；加大对体育场馆运营管理工作的指导力度，提供必要的培训等服务。

第 25 条　体育主管部门应当建立健全财政资金补贴体育场馆开放服务的长效机制和政府购买公共体育服务的具体办法，保障体育场馆正常运行。

体育主管部门应当制定本级体育场馆运营目标和公共服务规范，开展运营目标考核和综合评价，并将运营目标完成情况和综合评价结果与预算资金安排、财政补贴或奖励、政府购买公共服务等经费安排、人员考核与晋升等挂钩。

第 26 条　体育场馆运营单位利用国有资产对外投资、出租和出借的，应当从经济效益、经营业态、形象信誉、安全风险等方面进行必要的可行性论证，并按照国家和当地国有资产管理规定，根据资产总额的相应权限要求进行报批或备案。

第 27 条　体育场馆运营单位应当将场馆的名称、地址、服务项目等内容报本级体育主管部门备案，并于下一年度 1 月 31 日前向本级体育主管部门报告以下事项：

（一）场馆设施总体使用情况；

（二）主要经营内容和服务项目调整情况；

（三）对外开放时间及免费或低收费开放情况；

（四）体育赛事活动及非体育类活动举办情况；

（五）商业经营开发情况；

（六）场馆无形资产开发情况。

第五章　附　　则

第 28 条　鼓励建立体育场馆社会组织，发挥行业组织在制定行业标准、强化行业自律、维护行业权益方面的作用。

第 29 条　本办法自 2015 年 2 月 1 日起施行。

第七十条　体育产业与其他产业融合发展

国家支持和规范发展体育用品制造、体育服务等体育产业，促进体育与健康、文化、旅游、养老、科技等融合发展。

● 行政法规及文件

《国务院办公厅关于进一步扩大旅游文化体育健康养老教育培训等领域消费的意见》（2016 年 11 月 20 日）

各省、自治区、直辖市人民政府，国务院各部委、各直属机构：

当前，我国国内消费持续稳定增长，为经济运行总体平稳、稳中有进发挥了基础性作用。顺应群众期盼，以改革创新增加消费领域特别是服务消费领域有效供给、补上短板，有利于改善民生、促进服务业发展和经济转型升级、培育经济发展新动能。要按照党中央、国务院决策部署，牢固树立和贯彻落实创新、协调、绿色、开放、共享的发展理念，坚持以供给侧结构性改革为主线，发挥市场配置资源的决定性作用和更好发挥政府作用，深入推进简政放权、放管结合、优化服务改革，消除各种体制机制障碍，放宽市场准入，营造公平竞争市场环境，激发大众创业、万众创新活力，推动一二三产业融合发展，改善产品和服务供给，积极扩大新兴消费、稳定传统消费、挖掘潜在消费。经国务院同意，现提出以下意见：

一、着力推进幸福产业服务消费提质扩容

围绕旅游、文化、体育、健康、养老、教育培训等重点领域，引导社会资本加大投入力度，通过提升服务品质、增加服务供给，不断释放潜在消费需求。

（一）加速升级旅游消费。

1. 2016年底前再新增100家全域旅游示范区创建单位。实施乡村旅游后备箱行动。研究出台休闲农业和乡村旅游配套设施建设支持政策。（国家旅游局、农业部、国家发展改革委按职责分工负责）

2. 指导各地依法办理旅居挂车登记，允许具备牵引功能并安装有符合国家标准牵引装置的小型客车按规定拖挂旅居车上路行驶，研究改进旅居车准驾管理制度。加快研究出台旅居车营地用地政策。（公安部、交通运输部、国土资源部、国家旅游局按职责分工负责）

3. 制定出台邮轮旅游发展总体规划。规范并简化邮轮通关手续，鼓励企业开拓国内和国际邮轮航线，进一步促进国内邮轮旅游发展。将已在上海启动实施的国际邮轮入境外国旅游团15天免签政策，逐步扩大至其他邮轮口岸。（国家旅游局、交通运输部、海关总署、公安部、质检总局按职责分工负责）

4. 制定出台游艇旅游发展指导意见。有序推动开展粤港澳游艇自由行，规划建设50-80个公共游艇码头或水上运动中心，探索试点游艇租赁业务。（国家旅游局、交通运输部、工业和信息化部、公安部、海关总署、国家发展改革委、质检总局按职责分工负责）

5. 出台促进体育与旅游融合发展的指导意见。（国家旅游局、体育总局按职责分工负责）

（二）创新发展文化消费。

6. 支持实体书店融入文化旅游、创意设计、商贸物流等相关行业发展，建设成为集阅读学习、展示交流、聚会休闲、创意生活等功能于一体、布局合理的复合式文化场所。（新闻出版广电

总局牵头负责）

7. 稳步推进引导城乡居民扩大文化消费试点工作，尽快总结形成一批可供借鉴的有中国特色的文化消费模式。（文化部、财政部按职责分工负责）

8. 适时将文化文物单位文化创意产品开发试点扩大至符合条件的地市级博物馆、美术馆、图书馆。（文化部牵头负责）

9. 出台推动文化娱乐行业转型升级的意见，提升文化娱乐行业经营管理水平。出台推动数字文化产业发展的指导意见，丰富数字文化内容和形式，创新数字文化技术和装备。（文化部、新闻出版广电总局按职责分工负责）

（三）大力促进体育消费。

10. 2016 年内完成体育类社团组织第一批脱钩试点。以足球、篮球、排球三大球联赛改革为带动，推进职业联赛改革，在重大节假日期间进一步丰富各类体育赛事活动。（体育总局牵头负责）

11. 提高体育场馆使用效率，盘活存量资源，推动有条件的学校体育场馆设施在课后和节假日对本校学生和公众有序开放，运用商业运营模式推动体育场馆多层次开放利用。（体育总局、教育部、财政部按职责分工负责）

12. 制定实施冰雪运动、山地户外运动、水上运动、航空运动等专项运动产业发展规划。（体育总局、国家发展改革委、工业和信息化部按职责分工负责）

（四）培育发展健康消费。

13. 适时将自 2016 年 1 月 1 日起实施的商业健康保险个人所得税税前扣除政策，由 31 个试点城市向全国推广。（财政部、税务总局、保监会按职责分工负责）

14. 重点推进两批 90 个国家级医养结合试点地区创新医养结合管理机制和服务模式，形成一批创新成果和可持续、可复制的经验。（国家卫生计生委、民政部按职责分工负责）

15. 促进健康医疗旅游，建设国家级健康医疗旅游示范基地，推动落实医疗旅游先行区支持政策。（国家卫生计生委、国家旅游局、国家发展改革委按职责分工负责）

（五）全面提升养老消费。

16. 抓紧落实全面放开养老服务市场、提升养老服务质量的政策性文件，全面清理、取消申办养老服务机构不合理的前置审批事项，进一步降低养老服务机构准入门槛，增加适合老年人吃住行等日常需要的优质产品和服务供给。（国家发展改革委、民政部按职责分工负责）

17. 支持整合改造闲置社会资源发展养老服务机构，将城镇中废弃工厂、事业单位改制后腾出的办公用房、转型中的公办培训中心和疗养院等，整合改造成养老服务设施。（民政部、国家发展改革委按职责分工负责）

18. 探索建立适合国情的长期护理保险制度政策框架，重点解决重度失能人员的基本生活照料和与基本生活密切相关的医疗护理等所需费用。（人力资源社会保障部、国家卫生计生委、民政部、财政部、保监会按职责分工负责）

（六）持续扩大教育培训消费。

19. 深化国有企业所办教育机构改革，完善经费筹集制度，避免因企业经营困难导致优质职业培训机构等资源流失，加强相关领域人才培养。加强教育培训与“双创”的有效衔接，鼓励社会资本参与相关教育培训实践，为“双创”提供更多人才支撑。（国务院国资委、教育部、财政部、人力资源社会保障部按职责分工负责）

20. 重点围绕理工农医、国家急需的交叉前沿学科、薄弱空白学科等领域，开展高水平、示范性的中外合作办学。（教育部牵头负责）

二、大力促进传统实物消费扩大升级

以传统实物消费升级为重点，通过提高产品质量、创新增加产品供给，创造消费新需求。

（七）稳定发展汽车消费。

21. 加快制定新的汽车销售管理办法，打破品牌授权单一模式，鼓励发展共享型、节约型、社会化的汽车流通体系。（商务部牵头负责）

22. 在总结 4 个自贸试验区汽车平行进口试点政策的基础上，加快扩大汽车平行进口试点范围。（商务部牵头负责）

（八）培育壮大绿色消费。

23. 研究出台空气净化器、洗衣机等家用绿色净化器具能效标准，并纳入能效领跑者计划，引导消费者优先购买使用能效领跑者产品。（国家发展改革委牵头负责）

24. 加大节能门窗、陶瓷薄砖、节水洁具等绿色建材评价的推进力度，引导扩大绿色建材消费的市场份额。（住房城乡建设部、工业和信息化部按职责分工负责）

25. 完善绿色产品认证制度和标准体系，建立统一的绿色产品标准、认证、标识体系，制定流通领域节能环保技术产品推广目录，鼓励流通企业采购和销售绿色产品。（质检总局、商务部按职责分工负责）

三、持续优化消费市场环境

聚焦增强居民消费信心，吸引居民境外消费回流，通过加强消费基础设施建设、畅通流通网络、健全标准规范、创新监管体系、强化线上线下消费者权益保护等，营造便利、安心、放心的消费环境，同时兼顾各方利益，在实践中探索完善有利于发展新消费、新业态的监管方式。

（九）畅通城乡销售网络。

26. 结合城市快速消费品等民生物资运输需求，将具备条件的城市中心既有铁路货场改造为城市配送中心。2016 年内争取建成已纳入规划的全部一级铁路物流基地，二、三级铁路物流基地完成规划目标一半以上的建设任务。进一步扩大货运班列开行覆盖范围。（中国铁路总公司牵头负责）

27. 加强冷链物流基础设施网络建设，完善冷链物流标准和操作规范体系，鼓励企业创新经营模式，加快先进技术研发应用，扩大冷链物流覆盖范围、提高服务水平。（国家发展改革委、商务部、质检总局按职责分工负责）

28. 开展加快内贸流通创新推动供给侧结构性改革扩大消费专项行动，加大对农产品批发市场、农贸市场、社区菜场、农村物流设施等公益性较强的流通设施支持力度。通过加快建设农民工生活服务站和农村综合服务中心等方式健全服务网络，促进农村服务业发展，扩大农村生活服务消费。（商务部牵头负责）

29. 推动实体零售创新转型，鼓励企业创新经营模式、加强技术应用、优化消费环境、提高服务水平，由销售商品向创新生活方式转变，做精做深体验消费。发挥品牌消费集聚区的引导作用，扩大品牌商品消费。积极培育国际消费中心城市。（商务部牵头负责）

30. 深入开展重要产品追溯示范建设。开展地域特色产品追溯示范和电商平台产品追溯示范活动，支持龙头企业创立可追溯特色产品品牌，鼓励电商平台创建可追溯产品专区，形成城乡产品信息畅通、线上线下有效衔接的全程追溯网络，提升重要产品质量安全保障能力和流通、消费安全监测监管水平。（商务部牵头负责）

（十）提升产品和服务标准。

31. 将内外销产品“同线同标同质”工程实施范围，由食品企业进一步扩大至日用消费品企业。（质检总局牵头负责）

32. 持续提升无公害农产品、绿色食品、有机农产品和地理

标志农产品（“三品一标”产品）总量规模和质量水平。（农业部、质检总局按职责分工负责）

33. 加快推进生活性服务业标准体系和行业规范建设，推动养老服务等认证制度，提升幸福产业的标准化水平。（质检总局牵头负责）

34. 加快智慧家庭综合标准化体系、虚拟/增强现实标准体系以及可穿戴设备标准建设，推进标准应用示范。（工业和信息化部、质检总局按职责分工负责）

35. 创新市场监管方式，加强部门间、区域间执法协作，建立完善线索通报、证据移转、案件协查、联合办案等机制，严厉打击制售侵权假冒商品违法行为，维护安全放心的消费环境。（全国打击侵权假冒工作领导小组办公室牵头负责）

各地区、各部门要充分认识进一步扩大国内消费特别是服务消费的重要意义，切实强化组织领导，逐项抓好政策落实，确保各项措施见到实效，不断研究解决扩消费和服务业发展所面临的新情况、新问题。各地区要结合本地实际制定具体实施方案，明确工作分工，落实工作责任。国家发展改革委等有关部门要注重分类指导，抓紧制定配套政策和具体措施，加强部门协作配合，共同开展好相关工作。

● 部门规章及文件

《体育产业统计分类》（2019 年 4 月 1 日）

六、体育产业统计分类表

代码			类别名称	说明	国民经济行业分类代码及名称（2017）
大类	中类	小类			
01			体育管理活动		

	011	0110	体育社会事务管理活动	指各级政府部门体育行政事务管理机构的管理活动	9224＊ 社会事务管理机构
	012	0120	体育社会组织管理活动	指体育专业团体、体育行业团体和体育基金会等的管理和服务活动	9521＊ 专业性团体 9522＊ 行业性团体 9530＊ 基金会
	013	0130	体育保障组织管理活动		8912 体育保障组织
02			体育竞赛表演活动		
	021	0210	职业体育竞赛表演活动	指商业化、市场化的职业体育赛事活动的组织、宣传、训练，以及职业俱乐部和运动员的展示、交流等活动。主要包括足球、篮球、排球、棒球、乒乓球、羽毛球、拳击、马拉松、围棋、电子竞技等运动项目	8911＊ 体育竞赛组织
	022	0220	非职业体育竞赛表演活动	指非职业化的专业或业余运动项目比赛、训练、辅导、管理、宣传、运动队服务、运动员交流等活动，以及赛事承办者和相应推广机构等组织的活动	8911＊ 体育竞赛组织

续表

03			体育健身休闲活动		
	031	0310	运动休闲活动		5623 体育航空运动服务 8930 健身休闲活动
	032		群众体育活动		
		0321	民族民间体育活动	指区域特色、民族民间体育（其中包括少数民族特色体育）以及体育非物质文化遗产的保护等活动	8840＊ 文物及非物质文化 遗产保护
		0322	其他群众体育活动	指由各级各类群众体育组织（其中包括各级体育总会、基层体育俱乐部等）、体育类社会服务和文体活动机构、全民健身活动站点等提供的服务和公益性群众体育活动	8870＊ 群众文体活动 8919 其他体育组织
	033	0330	其他体育休闲活动	指体育娱乐电子游艺厅服务，网络体育游艺、电子竞技体育娱乐活动，游乐场体育休闲活动等	6422＊ 互联网游戏服务 9012＊ 电子游艺厅娱乐活动 9013＊ 网吧活动 9020＊ 游乐园
04			体育场地和设施管理		

续表

	041	0410	体育场馆管理		8921 体育场馆管理
	042	0420	体育服务综合体管理	指以运动健身、体育培训、体育用品销售、运动康复等体育服务为主，融合了餐饮、娱乐、文化等多项活动的综合体的管理	7222＊ 商业综合体管理服务
	043	0430	体育公园及其他体育场地设施管理	指对设在社区、村庄、公园、广场等可提供体育服务的固定安装的体育器材、临时性体育场地设施和其他室外体育场地设施的管理（如全民健身路径、健身步道、拼装式游泳池），以及对体育主题公园的管理等	7850＊ 城市公园管理 8929 其他体育场地设施管理
05			体育经纪与代理、广告与会展、表演与设计服务		
	051		体育经纪与代理服务		
		0511	体育经纪人		9054 体育经纪人
		0512	体育保险经纪服务	指体育保险经纪服务	6851＊ 保险经纪服务

续表

		0513	体育中介代理服务		8991 体育中介代理服务
		0514	体育票务代理服务	指体育票务服务和体育票务代理服务	7298＊ 票务代理服务
	052		体育广告与会展服务		
		0521	体育广告服务	指各类体育广告制作、发布等活动	7251＊ 互联网广告服务 7259＊ 其他广告服务
		0522	体育会展服务		7283 体育会展服务
	053		体育表演与设计服务		
		0531	体育表演服务		9052 体育表演服务
		0532	体育设计服务	指体育产品工业设计、体育服装设计、体育产品和服务的专业设计、体育和休闲娱乐工程设计等服务	7484＊ 工程设计活动 7491＊ 工业设计服务 7492＊ 专业设计服务
06			体育教育与培训		

续表

	061	0610	学校体育教育活动	指专业体育院校的教学活动，高、中等院校的体育运动，体育经济、体育管理等专业的教学活动，各级各类学校的体育课程教学活动，各级各类学校的校园体育活动	8321＊ 普通小学教育 8331＊ 普通初中教育 8332＊ 职业初中教育 8334＊ 普通高中教育 8336＊ 中等职业学校教育 8341＊ 普通高等教育
	062	0620	体育培训		8391＊ 职业技能培训 8392 体校及体育培训 8399＊ 其他未列明教育
07			体育传媒与信息服务		
	071	0710	体育出版物出版服务	指体育类图书、报纸、期刊、音像制品、电子出版物出版和数字出版服务	8621＊ 图书出版 8622＊ 报纸出版 8623＊ 期刊出版 8624＊ 音像制品出版 8625＊ 电子出版物出版 8626＊ 数字出版 8629＊ 其他出版业

续表

	072	0720	体育影视及其他传媒服务	指体育新闻的采访、编辑和发布服务，体育广播、电视、电影等传媒节目的制作与播出以及体育摄影服务等	8060＊ 摄影扩印服务 8610＊ 新闻业 8710＊ 广播 8720＊ 电视 8730＊ 影视节目制作
	073	0730	互联网体育服务	指互联网体育健身与赛事服务平台，体育 APP 应用，以及互联网体育信息发布、体育网络视听、体育网络直播、体育大数据处理、体育物联网和“体育+互联网+其他业态”的融合发展活动等其他互联网体育服务	6422＊ 互联网游戏服务 6429＊ 互联网其他信息服务 6432＊ 互联网生活服务平台 6450＊ 互联网数据服务 6490＊ 其他互联网服务
	074	0740	体育咨询		7246 体育咨询
	075	0750	体育博物馆服务	指用于展现体育历史发展过程、收藏展示体育文物、宣传体育科普知识、弘扬体育文化、传承体育精神等的博物馆	8850＊ 博物馆

续表

	076	0760	其他体育信息服务	指电子竞技数字内容服务、体育运动地理遥感信息服务和其他数字体育内容服务，以及体育培训、赛事、健身软件和电子竞技产品制作等体育应用软件开发与经营等信息技术服务	6513＊应用软件开发 6571＊地理遥感信息服务 6572＊动漫、游戏数字内容服务 6579＊其他数字内容服务 7242＊市场调查
08			其他体育服务		
	081	0810	体育旅游服务	指观赏性体育旅游活动（如观赏体育赛事、体育节、体育表演等内容的旅游活动），组织体验性体育旅游活动的旅行社服务，以体育运动为目的的旅游景区服务，以及露营地、水上运动码头、体育特色小镇、体育产业园区等的管理服务	5531＊客运港口 6140 露营地服务 7221＊园区管理服务 7291＊旅行社及相关服务 7869＊其他游览景区管理
	082	0820	体育健康与运动康复服务	指体质测试与监测服务，运动理疗服务，运动康复按摩服务，科学健身调理服务，科学健身指导服务，专科医院、中医院、民族	8053＊养生保健服务 8412＊中医医院 8414＊民族医院 8415＊专科医院

第七章

续表

				医院和疗养院提供的运动创伤治疗、运动康复等服务，运动康复辅具适配服务，运动减控体重、运动养生保健等其他体育健康服务	8416＊疗养院 8522＊康复辅具适配服务 8992 体育健康服务
	083	0830	体育彩票服务		9041 体育彩票服务
	084	0840	体育金融与资产管理服务	指体育基金（含体育产业投资基金）管理服务，运动意外伤害保险服务，体育投资与资产管理服务，体育资源与产权交易服务	6720＊公开募集证券投资基金 6731＊创业投资基金 6732＊天使投资 6760＊资本投资服务 6814＊意外伤害保险 7212＊投资与资产管理 7213＊资源与产权交易服务
	085	0850	体育科技与知识产权服务	指体育科学研究服务，运动医学和实验发展服务，体育装备新材料研发，体育知识产权相关服务	7320＊工程和技术研究和试验发展 7340＊医学研究和试验发展 7350＊社会人文科学研究 7520＊知识产权服务

续表

	086	0860	其他未列明体育服务		7481＊ 工程管理服务 7482＊ 工程监理服务 8211＊ 建筑物清洁服务 8219＊ 其他清洁服务 8999 其他未列明体育
09			体育用品及相关产品制造		
	091		体育用品及器材制造		
		0911	球类制造		2441 球类制造
		0912	冰雪器材装备及配件制造	指雪上、冰上运动项目器材装备及配件制造。主要包括滑雪类运动项目（含滑雪、北欧两项等）、滑冰类运动项目（含滑冰、花样滑冰、冰壶、冰球、雪橇运动等）的器材装备及配件制造，其他雪上、冰上运动器材装备及配件制造	2442＊ 专项运动器材及配件制造

续表

		0913	其他体育专项运动器材及配件制造	指除冰雪器材装备外的各项竞技比赛和训练用器材及用品、相关体育场地器材设施的生产活动	2442＊ 专项运动器材及配件制造
		0914	健身器材制造		2443 健身器材制造
		0915	运动防护用具制造		2444 运动防护用具制造
		0916	特殊体育器械及配件制造	指武术、散打器械和用品制造，运动枪械及其用弹制造	3329＊ 其他金属工具制造 3399＊ 其他未列明金属制品制造
		0917	其他体育用品制造		2449 其他体育用品制造
	092		运动车船及航空运动器材制造		
		0921	运动汽车、摩托车制造	指生产、改装运动型多用途汽车，以及越野、山地、场地等运动摩托车制造	3630＊ 改装汽车制造 3751＊ 摩托车整车制造

		0922	运动船艇制造	指赛艇、皮划艇、帆船、帆板、汽艇、摩托快艇、小艇、轻舟等运动器材及辅助用品制造	3733 * 娱乐船和运动船制造
		0923	航空运动器材制造	指体育航空器运动器材及零配件制造	3749 * 其他航空航天器制造
	093		体育用相关材料制造		
		0931	运动地面用材料制造	指体育场馆的运动场地用木地板、塑胶和地胶的制造，运动场、高尔夫场等场地用的人造草坪制造	2034 * 木地板制造 2916 运动场地用塑胶制造 2928 * 人造草坪制造
		0932	体育用新材料制造	指用于体育用品、设备、器材等的金属合金材料、高强玻璃钢、高强合成纤维、高强碳纤维、高分子复合纤维等材料的制造	2651 * 初级形态塑料及合成树脂制造 2652 * 合成橡胶制造 2653 * 合成纤维单(聚合)体制造 2659 * 其他合成材料制造 2829 * 其他合成纤维制造 3061 * 玻璃纤维及制品制造 3062 * 玻璃纤维增强塑料制品制造 3240 * 有色金属合金制造

续表

	094		体育相关用品和设备制造		
		0941	运动服装制造		1811 运动机织服装制造 1821 运动休闲针织服装制造
		0942	运动鞋帽制造	指纺织面运动鞋、运动皮鞋、运动用布面胶鞋、运动用塑料鞋靴及其他运动鞋制造，相关运动服饰制造，不包括运动帽、游泳帽的制造	1830 * 服饰制造 1951 * 纺织面料鞋制造 1952 * 皮鞋制造 1953 * 塑料鞋制造 1954 * 橡胶鞋制造
		0943	体育场馆用设备制造	指体育计时记分系统设备制造，体育场馆塑料座椅制造，体育场馆灯光、音响、电子屏幕等设备制造	2140 * 塑料家具制造 3873 * 舞台及场地用灯制造 3934 * 专业音响设备制造 3939 * 应用电视设备及其他广播电视设备制造 4028 * 电子测量仪器制造 4030 * 钟表与计时仪器制造
		0944	体育智能与可穿戴装备制造	指体育场馆、健身房等场所和体育训练、竞赛、健身等活动用的智能设备和用品制造，可穿戴运动装备制造，运动智能无人机制造	3961 * 可穿戴智能设备制造 3963 * 智能无人飞行器制造 3969 * 其他智能消费设备制造

续表

		0945	运动饮料与运动营养品生产	指运动功能性饮料、运动营养食品生产	1491＊ 营养食品制造 1529＊ 茶饮料及其他饮料制造
		0946	体育游艺娱乐用品设备制造	指供室内、桌上等游艺及娱乐场所使用的运动游乐设备（保龄球、台球、沙狐球、桌式足球等）、体育游艺器材和娱乐用品（军棋、跳棋、扑克牌等），主要安装在室内游乐场所的电子游乐设备，以及体育比赛用飞镖等弹射用具和汽车、火车、航空等仿真运动模型等产品的制造	2319＊ 包装装潢及其他印刷 2451＊ 电玩具制造 2452＊ 塑胶玩具制造 2453＊ 金属玩具制造 2454＊ 弹射玩具制造 2459＊ 其他玩具制造 2462 游艺用品及室内游艺器材制造
		0947	运动休闲车制造	指野营宿营车挂车、房车及其配件制造，运动休闲两轮车及配件制造，非公路休闲车及配件制造	3660＊ 汽车车身、挂车制造 3761＊ 自行车制造 3780＊ 非公路休闲车及零配件制造
		0948	运动康复训练和恢复按摩器材制造	指运动康复训练器材、恢复按摩器材制造	3586＊ 康复辅具制造 3856＊ 家用美容、保健护理电器具制造

第七章

续表

		0949	户外运动器材及其他体育相关用品制造	指户外帐篷、运动眼镜等户外运动器材制造，体育项目用网（兜）制造，体育奖杯和纪念证章以及其他体育相关用品制造	1782 ＊ 绳、索、缆制造 1784 ＊ 篷、帆布制造 3389 ＊ 其他金属制日用品制造 3587 ＊ 眼镜制造 3792 ＊ 水下救捞装备制造
10			体育用品及相关产品销售、出租与贸易代理		
	101		体育及相关产品销售		
		1011	体育用品及器材销售		5142 体育用品及器材批
					发 5242 体育用品及器材零售
		1012	运动服装销售	指运动及休闲服装批发、零售服务	5132 ＊ 服装批发 5232 ＊ 服装零售
		1013	运动鞋帽销售	指运动鞋帽批发、零售服务	5133 ＊ 鞋帽批发 5233 ＊ 鞋帽零售
		1014	运动饮料与运动营养品销售	指运动功能性饮料、运动营养食品批发、零售服务	5126 ＊ 营养和保健品批发 5127 ＊ 酒、饮料及茶叶批发 5225 ＊ 营养和保健品零售 5226 ＊ 酒、饮料及茶叶零售

续表

		1015	体育出版物销售	指体育图书、报纸、期刊、音像、电子和数字出版物的批发、进出口和销售服务	5143＊ 图书批发 5144＊ 报刊批发 5145＊ 音像制品、电子和数字出版物批发 5243＊ 图书、报刊零售 5244＊ 音像制品、电子和数字出版物零售
		1016	体育游艺等其他体育用品及相关产品销售	指台球、飞镖、沙狐球、仿真运动模型以及游艺娱乐用品及其他体育文化用品批发和进出口服务，休闲运动车零售服务	5149＊ 其他文化用品批发 5238＊ 自行车等代步设备零售 5249＊ 其他文化用品零售
		1017	体育用品及相关产品综合销售	指百货、超市销售中的体育及相关产品零售服务	5211＊ 百货零售 5212＊ 超级市场零售
		1018	体育用品及相关产品互联网销售	指体育用品、运动康复等器材、器具以及运动服装鞋帽的互联网批发和零售，体育电子商务服务	5193＊ 互联网批发 5292＊ 互联网零售
	102	1020	体育用品设备出租		7122 体育用品设备出租
	103	1030	体育用品及相关产品贸易代理	指体育用品及相关产品贸易经纪与代理活动	5181＊ 贸易代理 5189＊ 其他贸易经纪与代理

续表

11			体育场地设施建设		
	111		体育场馆建筑和装饰装修		
		1111	体育场馆及设施建筑	指体育馆工程服务、体育及休闲健身用房屋建设活动，以及城市自行车骑行和健身步道、跑步道工程建筑活动	4720 体育场馆建筑 4813＊ 市政道路工程建筑
		1112	体育场馆装饰装修	指体育场馆建筑的装饰装修	5011＊ 公共建筑装饰和装
					修
	112		体育场地设施工程施工和安装		
		1121	足球场地设施工程施工	指足球场地设施工程施工	4892＊ 体育场地设施工程施工
		1122	冰雪场地设施工程施工	指冰雪场地设施工程施工	4892＊ 体育场地设施工程施工
		1123	其他体育场地设施工程施工	指除足球场、冰雪场之外的其他体育场地设施工程施工	4892＊ 体育场地设施工程施工
		1124	体育场地设施安装		4991 体育场地设施安装

第七十一条　体育用品制造业发展

国家支持体育用品制造业创新发展，鼓励企业加大研发投入，采用新技术、新工艺、新材料，促进体育用品制造业转型升级。

国家培育健身休闲、竞赛表演、场馆服务、体育经纪、体育培训等服务业态，提高体育服务业水平和质量。

符合条件的体育产业，依法享受财政、税收、土地等优惠政策。

第七十二条　职业体育发展

国家完善职业体育发展体系，拓展职业体育发展渠道，支持运动员、教练员职业化发展，提高职业体育的成熟度和规范化水平。

职业体育俱乐部应当健全内部治理机制，完善法人治理结构，充分发挥其市场主体作用。

第七十三条　区域体育产业协调互动机制

国家建立健全区域体育产业协调互动机制，推动区域间体育产业资源交流共享，促进区域体育协调发展。

国家支持地方发挥资源优势，发展具有区域特色、民族特色的体育产业。

部门规章及文件

《全民健身条例》（2016年2月6日）

第2条　县级以上地方人民政府应当将全民健身事业纳入本级国民经济和社会发展规划，有计划地建设公共体育设施，加大对农村地区和城市社区等基层公共体育设施建设的投入，促进全民健身事业均衡协调发展。

国家支持、鼓励、推动与人民群众生活水平相适应的体育消费以及体育产业的发展。

第七十四条 社会资本投入体育产业

国家鼓励社会资本投入体育产业，建设体育设施，开发体育产品，提供体育服务。

● 法 律

1.《基本医疗卫生与健康促进法》（2019 年 12 月 28 日）

第 75 条 国家发展全民健身事业，完善覆盖城乡的全民健身公共服务体系，加强公共体育设施建设，组织开展和支持全民健身活动，加强全民健身指导服务，普及科学健身知识和方法。

国家鼓励单位的体育场地设施向公众开放。

● 行政法规及文件

2.《全民健身条例》（2016 年 2 月 6 日）

第 2 条 县级以上地方人民政府应当将全民健身事业纳入本级国民经济和社会发展规划，有计划地建设公共体育设施，加大对农村地区和城市社区等基层公共体育设施建设的投入，促进全民健身事业均衡协调发展。

国家支持、鼓励、推动与人民群众生活水平相适应的体育消费以及体育产业的发展。

第 27 条 公共体育设施的规划、建设、使用、管理、保护和公共体育设施管理单位提供服务，应当遵守《公共文化体育设施条例》的规定。

公共体育设施的规划、建设应当与当地经济发展水平相适应，方便群众就近参加健身活动；农村地区公共体育设施的规划、建设还应当考虑农村生产劳动和文化生活习惯。

3.《公共文化体育设施条例》（2003 年 6 月 26 日）

第 1 条　为了促进公共文化体育设施的建设，加强对公共文化体育设施的管理和保护，充分发挥公共文化体育设施的功能，繁荣文化体育事业，满足人民群众开展文化体育活动的基本需求，制定本条例。

第 2 条　本条例所称公共文化体育设施，是指由各级人民政府举办或者社会力量举办的，向公众开放用于开展文化体育活动的公益性的图书馆、博物馆、纪念馆、美术馆、文化馆（站）、体育场（馆）、青少年宫、工人文化宫等的建筑物、场地和设备。

本条例所称公共文化体育设施管理单位，是指负责公共文化体育设施的维护，为公众开展文化体育活动提供服务的社会公共文化体育机构。

第 3 条　公共文化体育设施管理单位必须坚持为人民服务、为社会主义服务的方向，充分利用公共文化体育设施，传播有益于提高民族素质、有益于经济发展和社会进步的科学技术和文化知识，开展文明、健康的文化体育活动。

任何单位和个人不得利用公共文化体育设施从事危害公共利益的活动。

第 4 条　国家有计划地建设公共文化体育设施。对少数民族地区、边远贫困地区和农村地区的公共文化体育设施的建设予以扶持。

第 6 条　国家鼓励企业、事业单位、社会团体和个人等社会力量举办公共文化体育设施。

国家鼓励通过自愿捐赠等方式建立公共文化体育设施社会基金，并鼓励依法向人民政府、社会公益性机构或者公共文化体育设施管理单位捐赠财产。捐赠人可以按照税法的有关规定享受优惠。

国家鼓励机关、学校等单位内部的文化体育设施向公众开放。

第 10 条　公共文化体育设施的数量、种类、规模以及布局，应当根据国民经济和社会发展水平、人口结构、环境条件以及文化体育事业发展的需要，统筹兼顾，优化配置，并符合国家关于城乡公共文化体育设施用地定额指标的规定。

公共文化体育设施用地定额指标，由国务院土地行政主管部门、建设行政主管部门分别会同国务院文化行政主管部门、体育行政主管部门制定。

第 14 条　公共文化体育设施的建设预留地，由县级以上地方人民政府土地行政主管部门、城乡规划行政主管部门按照国家有关用地定额指标，纳入土地利用总体规划和城乡规划，并依照法定程序审批。任何单位或者个人不得侵占公共文化体育设施建设预留地或者改变其用途。

因特殊情况需要调整公共文化体育设施建设预留地的，应当依法调整城乡规划，并依照前款规定重新确定建设预留地。重新确定的公共文化体育设施建设预留地不得少于原有面积。

第 15 条　新建、改建、扩建居民住宅区，应当按照国家有关规定规划和建设相应的文化体育设施。

居民住宅区配套建设的文化体育设施，应当与居民住宅区的主体工程同时设计、同时施工、同时投入使用。任何单位或者个人不得擅自改变文化体育设施的建设项目和功能，不得缩小其建设规模和降低其用地指标。

第 16 条　公共文化体育设施管理单位应当完善服务条件，建立、健全服务规范，开展与公共文化体育设施功能、特点相适应的服务，保障公共文化体育设施用于开展文明、健康的文化体育活动。

第 18 条　公共文化体育设施管理单位应当向公众公示其服务内容和开放时间。公共文化体育设施因维修等原因需要暂时停止开放的，应当提前 7 日向公众公示。

第 20 条　公共文化体育设施管理单位提供服务可以适当收取费用，收费项目和标准应当经县级以上人民政府有关部门批准。

第 23 条　公众在使用公共文化体育设施时，应当遵守公共秩序，爱护公共文化体育设施。任何单位或者个人不得损坏公共文化体育设施。

第 24 条　公共文化体育设施管理单位应当将公共文化体育设施的名称、地址、服务项目等内容报所在地县级人民政府文化行政主管部门、体育行政主管部门备案。

县级人民政府文化行政主管部门、体育行政主管部门应当向公众公布公共文化体育设施名录。

第 25 条　公共文化体育设施管理单位应当建立、健全安全管理制度，依法配备安全保护设施、人员，保证公共文化体育设施的完好，确保公众安全。

公共体育设施内设置的专业性强、技术要求高的体育项目，应当符合国家规定的安全服务技术要求。

第 26 条　公共文化体育设施管理单位的各项收入，应当用于公共文化体育设施的维护、管理和事业发展，不得挪作他用。

文化行政主管部门、体育行政主管部门、财政部门和其他有关部门，应当依法加强对公共文化体育设施管理单位收支的监督管理。

第 30 条　公共文化体育设施管理单位有下列行为之一的，由文化行政主管部门、体育行政主管部门依据各自职责责令限期改正；造成严重后果的，对负有责任的主管人员和其他直接责任人员，依法给予行政处分：

（一）未按照规定的最低时限对公众开放的；

（二）未公示其服务项目、开放时间等事项的；

（三）未在醒目位置标明设施的使用方法或者注意事项的；

（四）未建立、健全公共文化体育设施的安全管理制度的；

（五）未将公共文化体育设施的名称、地址、服务项目等内容报文化行政主管部门、体育行政主管部门备案的。

第31条　公共文化体育设施管理单位，有下列行为之一的，由文化行政主管部门、体育行政主管部门依据各自职责责令限期改正，没收违法所得，违法所得5000元以上的，并处违法所得2倍以上5倍以下的罚款；没有违法所得或者违法所得5000元以下的，可以处1万元以下的罚款；对负有责任的主管人员和其他直接责任人员，依法给予行政处分：

（一）开展与公共文化体育设施功能、用途不相适应的服务活动的；

（二）违反本条例规定出租公共文化体育设施的。

第七十五条　高等学校设置体育产业相关专业

国家鼓励有条件的高等学校设置体育产业相关专业，开展校企合作，加强职业教育和培训，培养体育产业专业人才，形成有效支撑体育产业发展的人才队伍。

第七十六条　体育产业统计体系

国家完善体育产业统计体系，开展体育产业统计监测，定期发布体育产业数据。

法　律

1.《基本医疗卫生与健康促进法》（2019年12月28日）

第70条　国家组织居民健康状况调查和统计，开展体质监测，对健康绩效进行评估，并根据评估结果制定、完善与健康相关的法律、法规、政策和规划。

● 部门规章及文件

2.《体育统计工作管理办法》（2009 年 3 月 30 日）

第 24 条 各级体育行政部门统计机构应在现有基础数据和调查研究的基础上，对体育事业和体育产业发展中的重要问题进行全面或专题性的分析，提供统计分析报告。

第八章 保障条件

第七十七条 体育事业经费

县级以上人民政府应当将体育事业经费列入本级预算，建立与国民经济和社会发展相适应的投入机制。

● 行政法规及文件

《全民健身条例》（2016 年 2 月 6 日）

第 2 条 县级以上地方人民政府应当将全民健身事业纳入本级国民经济和社会发展规划，有计划地建设公共体育设施，加大对农村地区和城市社区等基层公共体育设施建设的投入，促进全民健身事业均衡协调发展。

国家支持、鼓励、推动与人民群众生活水平相适应的体育消费以及体育产业的发展。

第 26 条 县级以上人民政府应当将全民健身工作所需经费列入本级财政预算，并随着国民经济的发展逐步增加对全民健身的投入。

按照国家有关彩票公益金的分配政策由体育主管部门分配使用的彩票公益金，应当根据国家有关规定用于全民健身事业。

第七十八条 社会力量发展体育事业

国家鼓励社会力量发展体育事业，鼓励对体育事业的捐赠和赞助，保障参与主体的合法权益。

通过捐赠财产等方式支持体育事业发展的，依法享受税收优惠等政策。

● 法　律

1.《公共文化服务保障法》（2016 年 12 月 25 日）

第 42 条　国家鼓励和支持公民、法人和其他组织通过兴办实体、资助项目、赞助活动、提供设施、捐赠产品等方式，参与提供公共文化服务。

● 行政法规及文件

2.《全民健身条例》（2016 年 2 月 6 日）

第 6 条　国家鼓励对全民健身事业提供捐赠和赞助。

自然人、法人或者其他组织对全民健身事业提供捐赠的，依法享受税收优惠。

3.《公共文化体育设施条例》（2003 年 6 月 26 日）

第 6 条　国家鼓励企业、事业单位、社会团体和个人等社会力量举办公共文化体育设施。

国家鼓励通过自愿捐赠等方式建立公共文化体育设施社会基金，并鼓励依法向人民政府、社会公益性机构或者公共文化体育设施管理单位捐赠财产。捐赠人可以按照税法的有关规定享受优惠。

国家鼓励机关、学校等单位内部的文化体育设施向公众开放。

第七十九条　体育资金的管理

国家有关部门应当加强对体育资金的管理，任何单位和个人不得侵占、挪用、截留、克扣、私分体育资金。

● 行政法规及文件

《行政事业性国有资产管理条例》（2021 年 2 月 1 日）

第 26 条　各部门及其所属单位应当及时收取各类资产收入，不得违反国家规定，多收、少收、不收、侵占、私分、截留、占用、挪用、隐匿、坐支。

第八十条　通过政府购买提供公共体育服务

国家支持通过政府购买服务的方式提供公共体育服务，提高公共体育服务水平。

● 法　律

1. **《公共文化服务保障法》**（2016 年 12 月 25 日）

第 49 条　国家采取政府购买服务等措施，支持公民、法人和其他组织参与提供公共文化服务。

● 部门规章及文件

2. **《体育赛事活动管理办法》**（2020 年 1 月 17 日）

第 29 条　体育部门可以设立体育赛事活动专项资金，通过奖励、政府购买服务等方式鼓励、引导社会力量举办体育赛事活动。

第 30 条　地方体育部门可以制定所辖区域的年度《体育赛事活动服务指导目录》，明确每年度可由社会力量申办的体育赛事活动、优先给予扶持的体育赛事活动以及提供公共服务的范围、服务内容、收费标准等事项。

鼓励主办方在举办体育赛事活动前主动向地方体育部门备案。地方体育部门经过评估可以将其中社会效益好、影响力大的体育赛事活动列入《体育赛事活动服务指导目录》，通过政府购买服务、提供专业技术指导等方式给予支持。

3. **《政府购买服务管理办法》**（2020 年 1 月 3 日）

第 2 条　本办法所称政府购买服务，是指各级国家机关将属于自身职责范围且适合通过市场化方式提供的服务事项，按照政府采购方式和程序，交由符合条件的服务供应商承担，并根据服务数量和质量等因素向其支付费用的行为。

第八十一条　各类体育场地设施的建设和配置

县级以上地方人民政府应当按照国家有关规定，根据本行政区域经济社会发展水平、人口结构、环境条件以及体育事业发展需要，统筹兼顾，优化配置各级各类体育场地设施，优先保障全民健身体育场地设施的建设和配置。

● 行政法规及文件

1. **《全民健身条例》**（2016 年 2 月 6 日）

第 2 条　县级以上地方人民政府应当将全民健身事业纳入本级国民经济和社会发展规划，有计划地建设公共体育设施，加大对农村地区和城市社区等基层公共体育设施建设的投入，促进全民健身事业均衡协调发展。

国家支持、鼓励、推动与人民群众生活水平相适应的体育消费以及体育产业的发展。

第 4 条　公民有依法参加全民健身活动的权利。

地方各级人民政府应当依法保障公民参加全民健身活动的权利。

第 5 条　国务院体育主管部门负责全国的全民健身工作，国务院其他有关部门在各自职责范围内负责有关的全民健身工作。

县级以上地方人民政府主管体育工作的部门（以下简称体育主

管部门）负责本行政区域内的全民健身工作，县级以上地方人民政府其他有关部门在各自职责范围内负责有关的全民健身工作。

第8条 国务院制定全民健身计划，明确全民健身工作的目标、任务、措施、保障等内容。

县级以上地方人民政府根据本地区的实际情况制定本行政区域的全民健身实施计划。

制定全民健身计划和全民健身实施计划，应当充分考虑学生、老年人、残疾人和农村居民的特殊需求。

第11条 全民健身计划由县级以上人民政府体育主管部门会同有关部门组织实施。县级以上地方人民政府应当加强组织和协调，对本行政区域全民健身计划实施情况负责。

县级以上人民政府体育主管部门应当在本级人民政府任期届满时会同有关部门对全民健身计划实施情况进行评估，并将评估结果向本级人民政府报告。

第12条 每年8月8日为全民健身日。县级以上人民政府及其有关部门应当在全民健身日加强全民健身宣传。

国家机关、企业事业单位和其他组织应当在全民健身日结合自身条件组织本单位人员开展全民健身活动。

县级以上人民政府体育主管部门应当在全民健身日组织开展免费健身指导服务。

公共体育设施应当在全民健身日向公众免费开放；国家鼓励其他各类体育设施在全民健身日向公众免费开放。

第18条 鼓励全民健身活动站点、体育俱乐部等群众性体育组织开展全民健身活动，宣传科学健身知识；县级以上人民政府体育主管部门和其他有关部门应当给予支持。

第26条 县级以上人民政府应当将全民健身工作所需经费列入本级财政预算，并随着国民经济的发展逐步增加对全民健身的投入。

按照国家有关彩票公益金的分配政策由体育主管部门分配使用的彩票公益金，应当根据国家有关规定用于全民健身事业。

第 29 条 公园、绿地等公共场所的管理单位，应当根据自身条件安排全民健身活动场地。县级以上地方人民政府体育主管部门根据实际情况免费提供健身器材。

居民住宅区的设计应当安排健身活动场地。

第 31 条 国家加强社会体育指导人员队伍建设，对全民健身活动进行科学指导。

国家对不以收取报酬为目的向公众提供传授健身技能、组织健身活动、宣传科学健身知识等服务的社会体育指导人员实行技术等级制度。县级以上地方人民政府体育主管部门应当免费为其提供相关知识和技能培训，并建立档案。

国家对以健身指导为职业的社会体育指导人员实行职业资格证书制度。以对高危险性体育项目进行健身指导为职业的社会体育指导人员，应当依照国家有关规定取得职业资格证书。

2. **《公共文化体育设施条例》**（2003 年 6 月 26 日）

第 10 条 公共文化体育设施的数量、种类、规模以及布局，应当根据国民经济和社会发展水平、人口结构、环境条件以及文化体育事业发展的需要，统筹兼顾，优化配置，并符合国家关于城乡公共文化体育设施用地定额指标的规定。

公共文化体育设施用地定额指标，由国务院土地行政主管部门、建设行政主管部门分别会同国务院文化行政主管部门、体育行政主管部门制定。

第八十二条 公共体育场地设施的建设

县级以上地方人民政府应当将本行政区域内公共体育场地设施的建设纳入国民经济和社会发展规划、国土空间规划，未经法定程序不得变更。

公共体育场地设施的规划设计和竣工验收，应当征求本级人民政府体育行政部门意见。

公共体育场地设施的设计和建设，应当符合国家无障碍环境建设要求，有效满足老年人、残疾人等特定群体的无障碍需求。

法 律

1.《**残疾人保障法**》（2018 年 10 月 26 日）

第 5 条 县级以上人民政府应当将残疾人事业纳入国民经济和社会发展规划，加强领导，综合协调，并将残疾人事业经费列入财政预算，建立稳定的经费保障机制。

国务院制定中国残疾人事业发展纲要，县级以上地方人民政府根据中国残疾人事业发展纲要，制定本行政区域的残疾人事业发展规划和年度计划，使残疾人事业与经济、社会协调发展。

县级以上人民政府负责残疾人工作的机构，负责组织、协调、指导、督促有关部门做好残疾人事业的工作。

各级人民政府和有关部门，应当密切联系残疾人，听取残疾人的意见，按照各自的职责，做好残疾人工作。

2.《**公共文化服务保障法**》（2016 年 12 月 25 日）

第 15 条 县级以上地方人民政府应当将公共文化设施建设纳入本级城乡规划，根据国家基本公共文化服务指导标准、省级基本公共文化服务实施标准，结合当地经济社会发展水平、人口状况、环境条件、文化特色，合理确定公共文化设施的种类、数量、规模以及布局，形成场馆服务、流动服务和数字服务相结合的公共文化设施网络。

公共文化设施的选址，应当征求公众意见，符合公共文化设施的功能和特点，有利于发挥其作用。

● 行政法规及文件

3.《全民健身条例》（2016 年 2 月 6 日）

第 2 条 县级以上地方人民政府应当将全民健身事业纳入本级国民经济和社会发展规划，有计划地建设公共体育设施，加大对农村地区和城市社区等基层公共体育设施建设的投入，促进全民健身事业均衡协调发展。

国家支持、鼓励、推动与人民群众生活水平相适应的体育消费以及体育产业的发展。

4.《公共文化体育设施条例》（2003 年 6 月 26 日）

第 9 条 国务院发展和改革行政主管部门应当会同国务院文化行政主管部门、体育行政主管部门，将全国公共文化体育设施的建设纳入国民经济和社会发展计划。

县级以上地方人民政府应当将本行政区域内的公共文化体育设施的建设纳入当地国民经济和社会发展计划。

第 14 条 公共文化体育设施的建设预留地，由县级以上地方人民政府土地行政主管部门、城乡规划行政主管部门按照国家有关用地定额指标，纳入土地利用总体规划和城乡规划，并依照法定程序审批。任何单位或者个人不得侵占公共文化体育设施建设预留地或者改变其用途。

因特殊情况需要调整公共文化体育设施建设预留地的，应当依法调整城乡规划，并依照前款规定重新确定建设预留地。重新确定的公共文化体育设施建设预留地不得少于原有面积。

第八十三条 新建、改建、扩建居住社区的配套体育场地设施

新建、改建、扩建居住社区，应当按照国家有关规定，同步规划、设计、建设用于居民日常健身的配套体育场地设施。

行政法规及文件

1.《学校体育工作条例》（2017 年 3 月 1 日）

第 20 条　学校的上级主管部门和学校应当按照国家或者地方制订的各类学校体育场地、器材、设备标准，有计划地逐步配齐。学校体育器材应当纳入教学仪器供应计划。新建、改建学校必须按照有关场地、器材的规定进行规划、设计和建设。

在学校比较密集的城镇地区，逐步建立中小学体育活动中心，并纳入城市建设规划。社会的体育场（馆）和体育设施应当安排一定时间免费向学生开放。

2.《全民健身条例》（2016 年 2 月 6 日）

第 2 条　县级以上地方人民政府应当将全民健身事业纳入本级国民经济和社会发展规划，有计划地建设公共体育设施，加大对农村地区和城市社区等基层公共体育设施建设的投入，促进全民健身事业均衡协调发展。

国家支持、鼓励、推动与人民群众生活水平相适应的体育消费以及体育产业的发展。

第 26 条　县级以上人民政府应当将全民健身工作所需经费列入本级财政预算，并随着国民经济的发展逐步增加对全民健身的投入。

按照国家有关彩票公益金的分配政策由体育主管部门分配使用的彩票公益金，应当根据国家有关规定用于全民健身事业。

3.《公共文化体育设施条例》（2003 年 6 月 26 日）

第 15 条　新建、改建、扩建居民住宅区，应当按照国家有关规定规划和建设相应的文化体育设施。

居民住宅区配套建设的文化体育设施，应当与居民住宅区的主体工程同时设计、同时施工、同时投入使用。任何单位或者个人不得擅自改变文化体育设施的建设项目和功能，不得缩小其建设规模和降低其用地指标。

第八十四条　免费和低收费开放的体育场地设施

公共体育场地设施管理单位应当公开向社会开放的办法，并对未成年人、老年人、残疾人等实行优惠。

免费和低收费开放的体育场地设施，按照有关规定享受补助。

● 法　律

1. **《未成年人保护法》**（2020 年 10 月 17 日）

第 44 条　爱国主义教育基地、图书馆、青少年宫、儿童活动中心、儿童之家应当对未成年人免费开放；博物馆、纪念馆、科技馆、展览馆、美术馆、文化馆、社区公益性互联网上网服务场所以及影剧院、体育场馆、动物园、植物园、公园等场所，应当按照有关规定对未成年人免费或者优惠开放。

国家鼓励爱国主义教育基地、博物馆、科技馆、美术馆等公共场馆开设未成年人专场，为未成年人提供有针对性的服务。

国家鼓励国家机关、企业事业单位、部队等开发自身教育资源，设立未成年人开放日，为未成年人主题教育、社会实践、职业体验等提供支持。

国家鼓励科研机构和科技类社会组织对未成年人开展科学普及活动。

第 89 条　地方人民政府应当建立和改善适合未成年人的活动场所和设施，支持公益性未成年人活动场所和设施的建设和运行，鼓励社会力量兴办适合未成年人的活动场所和设施，并加强管理。

地方人民政府应当采取措施，鼓励和支持学校在国家法定节假日、休息日及寒暑假期将文化体育设施对未成年人免费或者优惠开放。

地方人民政府应当采取措施，防止任何组织或者个人侵占、破坏学校、幼儿园、婴幼儿照护服务机构等未成年人活动场所的场地、房屋和设施。

2.《**老年人权益保障法**》（2018 年 12 月 29 日）

第 59 条　博物馆、美术馆、科技馆、纪念馆、公共图书馆、文化馆、影剧院、体育场馆、公园、旅游景点等场所，应当对老年人免费或者优惠开放。

3.《**公共文化服务保障法**》（2016 年 12 月 25 日）

第 47 条　免费或者优惠开放的公共文化设施，按照国家规定享受补助。

行政法规及文件

4.《**全民健身条例**》（2016 年 2 月 6 日）

第 12 条　每年 8 月 8 日为全民健身日。县级以上人民政府及其有关部门应当在全民健身日加强全民健身宣传。

国家机关、企业事业单位和其他组织应当在全民健身日结合自身条件组织本单位人员开展全民健身活动。

县级以上人民政府体育主管部门应当在全民健身日组织开展免费健身指导服务。

公共体育设施应当在全民健身日向公众免费开放；国家鼓励其他各类体育设施在全民健身日向公众免费开放。

5.《**公共文化体育设施条例**》（2003 年 6 月 26 日）

第 6 条　国家鼓励企业、事业单位、社会团体和个人等社会力量举办公共文化体育设施。

国家鼓励通过自愿捐赠等方式建立公共文化体育设施社会基金，并鼓励依法向人民政府、社会公益性机构或者公共文化体育设施管理单位捐赠财产。捐赠人可以按照税法的有关规定享受优惠。

国家鼓励机关、学校等单位内部的文化体育设施向公众开放。

第 21 条　需要收取费用的公共文化体育设施管理单位，应当根据设施的功能、特点对学生、老年人、残疾人等免费或者优惠开放，具体办法由省、自治区、直辖市制定。

第八十五条　推进体育公园建设

国家推进体育公园建设，鼓励地方因地制宜发展特色体育公园，推动体育公园免费开放，满足公民体育健身需求。

● 行政法规及文件

《全民健身条例》（2016 年 2 月 6 日）

第 2 条　县级以上地方人民政府应当将全民健身事业纳入本级国民经济和社会发展规划，有计划地建设公共体育设施，加大对农村地区和城市社区等基层公共体育设施建设的投入，促进全民健身事业均衡协调发展。

国家支持、鼓励、推动与人民群众生活水平相适应的体育消费以及体育产业的发展。

第 3 条　国家推动基层文化体育组织建设，鼓励体育类社会团体、体育类民办非企业单位等群众性体育组织开展全民健身活动。

第 9 条　国家定期开展公民体质监测和全民健身活动状况调查。

公民体质监测由国务院体育主管部门会同有关部门组织实施；其中，对学生的体质监测由国务院教育主管部门组织实施。

全民健身活动状况调查由国务院体育主管部门组织实施。

第 12 条　每年 8 月 8 日为全民健身日。县级以上人民政府及其有关部门应当在全民健身日加强全民健身宣传。

国家机关、企业事业单位和其他组织应当在全民健身日结合自身条件组织本单位人员开展全民健身活动。

县级以上人民政府体育主管部门应当在全民健身日组织开展免费健身指导服务。

公共体育设施应当在全民健身日向公众免费开放；国家鼓励其他各类体育设施在全民健身日向公众免费开放。

第29条 公园、绿地等公共场所的管理单位，应当根据自身条件安排全民健身活动场地。县级以上地方人民政府体育主管部门根据实际情况免费提供健身器材。

居民住宅区的设计应当安排健身活动场地。

第八十六条 利用闲置资源建设体育场地设施

国家鼓励充分、合理利用旧厂房、仓库、老旧商业设施等闲置资源建设用于公民日常健身的体育场地设施，鼓励和支持机关、学校、企业事业单位的体育场地设施向公众开放。

法 律

1. **《基本医疗卫生与健康促进法》**（2019年12月28日）

第75条 国家发展全民健身事业，完善覆盖城乡的全民健身公共服务体系，加强公共体育设施建设，组织开展和支持全民健身活动，加强全民健身指导服务，普及科学健身知识和方法。

国家鼓励单位的体育场地设施向公众开放。

2. **《公共文化服务保障法》**（2016年12月25日）

第32条 国家鼓励和支持机关、学校、企业事业单位的文化体育设施向公众开放。

第37条 国家鼓励公民主动参与公共文化服务，自主开展健康文明的群众性文化体育活动；地方各级人民政府应当给予必

第八章

要的指导、支持和帮助。

居民委员会、村民委员会应当根据居民的需求开展群众性文化体育活动，并协助当地人民政府有关部门开展公共文化服务相关工作。

国家机关、社会组织、企业事业单位应当结合自身特点和需要，组织开展群众性文化体育活动，丰富职工文化生活。

● 行政法规及文件

3. **《全民健身条例》**（2016 年 2 月 6 日）

第 28 条 学校应当在课余时间和节假日向学生开放体育设施。公办学校应当积极创造条件向公众开放体育设施；国家鼓励民办学校向公众开放体育设施。

县级人民政府对向公众开放体育设施的学校给予支持，为向公众开放体育设施的学校办理有关责任保险。

学校可以根据维持设施运营的需要向使用体育设施的公众收取必要的费用。

第 31 条 国家加强社会体育指导人员队伍建设，对全民健身活动进行科学指导。

国家对不以收取报酬为目的向公众提供传授健身技能、组织健身活动、宣传科学健身知识等服务的社会体育指导人员实行技术等级制度。县级以上地方人民政府体育主管部门应当免费为其提供相关知识和技能培训，并建立档案。

国家对以健身指导为职业的社会体育指导人员实行职业资格证书制度。以对高危险性体育项目进行健身指导为职业的社会体育指导人员，应当依照国家有关规定取得职业资格证书。

4. **《公共文化体育设施条例》**（2003 年 6 月 26 日）

第 6 条 国家鼓励企业、事业单位、社会团体和个人等社会力量举办公共文化体育设施。

国家鼓励通过自愿捐赠等方式建立公共文化体育设施社会基金，并鼓励依法向人民政府、社会公益性机构或者公共文化体育设施管理单位捐赠财产。捐赠人可以按照税法的有关规定享受优惠。

国家鼓励机关、学校等单位内部的文化体育设施向公众开放。

第 14 条 公共文化体育设施的建设预留地，由县级以上地方人民政府土地行政主管部门、城乡规划行政主管部门按照国家有关用地定额指标，纳入土地利用总体规划和城乡规划，并依照法定程序审批。任何单位或者个人不得侵占公共文化体育设施建设预留地或者改变其用途。

因特殊情况需要调整公共文化体育设施建设预留地的，应当依法调整城乡规划，并依照前款规定重新确定建设预留地。重新确定的公共文化体育设施建设预留地不得少于原有面积。

第 15 条 新建、改建、扩建居民住宅区，应当按照国家有关规定规划和建设相应的文化体育设施。

居民住宅区配套建设的文化体育设施，应当与居民住宅区的主体工程同时设计、同时施工、同时投入使用。任何单位或者个人不得擅自改变文化体育设施的建设项目和功能，不得缩小其建设规模和降低其用地指标。

第 17 条 公共文化体育设施应当根据其功能、特点向公众开放，开放时间应当与当地公众的工作时间、学习时间适当错开。

公共文化体育设施的开放时间，不得少于省、自治区、直辖市规定的最低时限。国家法定节假日和学校寒暑假期间，应当适当延长开放时间。

学校寒暑假期间，公共文化体育设施管理单位应当增设适合学生特点的文化体育活动。

第 33 条 国家机关、学校等单位内部的文化体育设施向公众开放的，由国务院文化行政主管部门、体育行政主管部门会同有关部门依据本条例的原则另行制定管理办法。

第八十七条　不得侵占公共体育场地设施及其建设用地

任何单位和个人不得侵占公共体育场地设施及其建设用地，不得擅自拆除公共体育场地设施，不得擅自改变公共体育场地设施的功能、用途或者妨碍其正常使用。

因特殊需要临时占用公共体育场地设施超过十日的，应当经本级人民政府体育行政部门同意；超过三个月的，应当报上一级人民政府体育行政部门批准。

经批准拆除公共体育场地设施或者改变其功能、用途的，应当依照国家有关法律、行政法规的规定先行择地重建。

● 法　律

1. **《公共文化服务保障法》**（2016 年 12 月 25 日）

第 14 条　公共文化体育设施的建设预留地，由县级以上地方人民政府土地行政主管部门、城乡规划行政主管部门按照国家有关用地定额指标，纳入土地利用总体规划和城乡规划，并依照法定程序审批。任何单位或者个人不得侵占公共文化体育设施建设预留地或者改变其用途。

因特殊情况需要调整公共文化体育设施建设预留地的，应当依法调整城乡规划，并依照前款规定重新确定建设预留地。重新确定的公共文化体育设施建设预留地不得少于原有面积。

第 15 条　新建、改建、扩建居民住宅区，应当按照国家有关规定规划和建设相应的文化体育设施。

居民住宅区配套建设的文化体育设施，应当与居民住宅区的主体工程同时设计、同时施工、同时投入使用。任何单位或者个人不得擅自改变文化体育设施的建设项目和功能，不得缩小其建设规模和降低其用地指标。

第16条　公共文化设施的建设用地，应当符合土地利用总体规划和城乡规划，并依照法定程序审批。

任何单位和个人不得侵占公共文化设施建设用地或者擅自改变其用途。因特殊情况需要调整公共文化设施建设用地的，应当重新确定建设用地。调整后的公共文化设施建设用地不得少于原有面积。

新建、改建、扩建居民住宅区，应当按照有关规定、标准，规划和建设配套的公共文化设施。

第19条　任何单位和个人不得擅自拆除公共文化设施，不得擅自改变公共文化设施的功能、用途或者妨碍其正常运行，不得侵占、挪用公共文化设施，不得将公共文化设施用于与公共文化服务无关的商业经营活动。

因城乡建设确需拆除公共文化设施，或者改变其功能、用途的，应当依照有关法律、行政法规的规定重建、改建，并坚持先建设后拆除或者建设拆除同时进行的原则。重建、改建的公共文化设施的设施配置标准、建筑面积等不得降低。

第59条　违反本法规定，地方各级人民政府和县级以上人民政府有关部门，有下列行为之一的，由其上级机关或者监察机关责令限期改正；情节严重的，对直接负责的主管人员和其他直接责任人员依法给予处分：

（一）侵占、挪用公共文化服务资金的；

（二）擅自拆除、侵占、挪用公共文化设施，或者改变其功能、用途，或者妨碍其正常运行的；

（三）未依照本法规定重建公共文化设施的；

（四）滥用职权、玩忽职守、徇私舞弊的。

● 行政法规及文件

2.《公共文化体育设施条例》（2003 年 6 月 26 日）

第 14 条 公共文化体育设施的建设预留地，由县级以上地方人民政府土地行政主管部门、城乡规划行政主管部门按照国家有关用地定额指标，纳入土地利用总体规划和城乡规划，并依照法定程序审批。任何单位或者个人不得侵占公共文化体育设施建设预留地或者改变其用途。

因特殊情况需要调整公共文化体育设施建设预留地的，应当依法调整城乡规划，并依照前款规定重新确定建设预留地。重新确定的公共文化体育设施建设预留地不得少于原有面积。

第 15 条 新建、改建、扩建居民住宅区，应当按照国家有关规定规划和建设相应的文化体育设施。

居民住宅区配套建设的文化体育设施，应当与居民住宅区的主体工程同时设计、同时施工、同时投入使用。任何单位或者个人不得擅自改变文化体育设施的建设项目和功能，不得缩小其建设规模和降低其用地指标。

第 27 条 因城乡建设确需拆除公共文化体育设施或者改变其功能、用途的，有关地方人民政府在作出决定前，应当组织专家论证，并征得上一级人民政府文化行政主管部门、体育行政主管部门同意，报上一级人民政府批准。

涉及大型公共文化体育设施的，上一级人民政府在批准前，应当举行听证会，听取公众意见。

经批准拆除公共文化体育设施或者改变其功能、用途的，应当依照国家有关法律、行政法规的规定择地重建。重新建设的公共文化体育设施，应当符合规划要求，一般不得小于原有规模。迁建工作应当坚持先建设后拆除或者建设拆除同时进行的原则。迁建所需费用由造成迁建的单位承担。

第八十八条　全民健身公共场地设施的维护管理机制

县级以上地方人民政府应当建立全民健身公共场地设施的维护管理机制，明确管理和维护责任。

行政法规及文件

《全民健身条例》（2016 年 2 月 6 日）

第 2 条　县级以上地方人民政府应当将全民健身事业纳入本级国民经济和社会发展规划，有计划地建设公共体育设施，加大对农村地区和城市社区等基层公共体育设施建设的投入，促进全民健身事业均衡协调发展。

国家支持、鼓励、推动与人民群众生活水平相适应的体育消费以及体育产业的发展。

第 8 条　国务院制定全民健身计划，明确全民健身工作的目标、任务、措施、保障等内容[illegible]

县级以上地方人民政府[illegible]实际情况制定本行政区域的全民健身实施计划。

制定全民健身计划和全[illegible]生、老年人、残疾人和农村居民[illegible]

第 11 条　全民健身计划由县级[illegible]会同有关部门组织实施。县级以上地方人民[illegible]协调，对本行政区域全民健身计划实施情况负责。

县级以上人民政府体育主管部门应当在本级人民政府任期届满时会同有关部门对全民健身计划实施情况进行评估，并将评估结果向本级人民政府报告。

第 29 条　公园、绿地等公共场所的管理单位，应当根据自身条件安排全民健身活动场地。县级以上地方人民政府体育主管部门根据实际情况免费提供健身器材。

居民住宅区的设计应当安排健身活动场地。

第30条　公园、绿地、广场等公共场所和居民住宅区的管理单位，应当对该公共场所和居民住宅区配置的全民健身器材明确管理和维护责任人。

第八十九条　体育专业教育

国家发展体育专业教育，鼓励有条件的高等学校培养教练员、裁判员、体育教师等各类体育专业人才，鼓励社会力量依法开展体育专业教育。

● 行政法规及文件

1.《学校体育工作条例》（2017年3月1日）

第12条　学校应当在体育课教学和课外体育活动的基础上，开展多种形式的课余体育训练，提高学生的运动技术水平。有条件的普通中小学校、农业中学、职业中学、中等专业学校经省级教育行政部门批准，普通高等学校经国家教育委员会批准，可以开展培养优秀体育后备人才的训练。

● 部门规章及文件

2.《体育竞赛裁判员管理办法》（2015年9月23日）

第15条　各省、自治区、直辖市体育主管部门或地方单项协会应当结合本地区运动项目开展情况参照本章的规定成立裁委会。裁委会名单应当向全国单项协会备案，并向社会公布。本级裁委会应由不少于3名国家级或国际级裁判员组成；

进行二级、三级裁判员技术等级认证等管理工作的地（市）、县级地方单项协会也应参照本章规定成立裁委会，裁委会名单向上一级地方单项协会备案，并向社会公布。本级裁委会原则上应由不少于3名一级（含）以上技术等级的裁判员组成；

进行一级（含以下）裁判员技术等级认证等管理工作的解放军体育主管部门、全国性行业体育协会和体育专业高等院校应当参照本章的规定成立裁委会，裁委会应由不少于3名国家级、国际级裁判员组成。裁委会名单须向全国单项协会备案，并向社会公布。

第29条 国际级、国家级裁判员按年度向各全国单项协会进行注册；各全国单项协会可视本项目裁判员队伍状况对一级裁判员进行注册或备案。一级（含）以下裁判员注册可由各省、自治区、直辖市体育行政部门或地方单项协会做出规定。

3.**《社会体育指导员管理办法》**（2011年10月9日）

第15条 申请授予或晋升社会体育指导员技术等级称号的人员，应当向开展志愿服务所在地的县级体育主管部门、经批准的省级协会或委托的组织提交下列材料：

（一）申请书；

（二）社会体育指导员技术等级培训合格证书，或高等体育专业学历、体育教师、职业社会体育指导员、教练员、优秀运动员资质证书；

（三）所在单位或体育组织的推荐书；

（四）申请晋升的，需提交原技术等级证书；

（五）单项体育协会对申请人所传授的体育项目有技能标准要求的，需提交该体育项目的技能培训合格证书；

（六）参加继续培训、工作交流和展示活动的证书或证明。

第九十条 体育意外伤害保险

国家鼓励建立健全运动员伤残保险、体育意外伤害保险和场所责任保险制度。

大型体育赛事活动组织者应当和参与者协商投保体育意外伤害保险。

高危险性体育赛事活动组织者应当投保体育意外伤害保险。

高危险性体育项目经营者应当投保体育意外伤害保险和场所责任保险。

行政法规及文件

1.《全民健身条例》（2016 年 2 月 6 日）

第 33 条 国家鼓励全民健身活动组织者和健身场所管理者依法投保有关责任保险。

国家鼓励参加全民健身活动的公民依法投保意外伤害保险。

第 34 条 县级以上地方人民政府体育主管部门对高危险性体育项目经营活动，应当依法履行监督检查职责。

第 37 条 高危险性体育项目经营者取得许可证后，不再符合本条例规定条件仍经营该体育项目的，由县级以上地方人民政府体育主管部门按照管理权限责令改正；有违法所得的，没收违法所得；违法所得不足 3 万元或者没有违法所得的，并处 3 万元以上 10 万元以下的罚款；违法所得 3 万元以上的，并处违法所得 2 倍以上 5 倍以下的罚款；拒不改正的，由原发证机关吊销许可证。

部门规章及文件

2.《体育赛事活动管理办法》（2020 年 1 月 17 日）

第 15 条 举办体育赛事活动，主办方和承办方应当根据需要，做好下列保障工作：

（一）配备具有相应资格或资质的专业技术人员；

（二）配置符合相关标准和要求的场地、器材和设施；

（三）落实医疗、卫生、食品、交通、安全保卫、生态保护等相关措施。

体育赛事活动对参赛者身体条件有特殊要求的，主办方或承办方应当要求其提供符合体育赛事活动要求的身体状况证明，参赛者应予以配合。

体育部门主办的体育赛事活动，应当主动购买公众责任方面的保险。鼓励其他体育赛事活动主办方、参与者购买公众责任或意外伤害方面的保险。

第 27 条　体育部门和体育协会应当根据职责和章程，加强对体育赛事活动组织者及相关从业人员的培训，不断提高体育赛事活动组织水平。

第九章　体 育 仲 裁

第九十一条　体育仲裁制度

国家建立体育仲裁制度，及时、公正解决体育纠纷，保护当事人的合法权益。

体育仲裁依法独立进行，不受行政机关、社会组织和个人的干涉。

第九十二条　体育仲裁纠纷受理范围

当事人可以根据仲裁协议、体育组织章程、体育赛事规则等，对下列纠纷申请体育仲裁：

（一）对体育社会组织、运动员管理单位、体育赛事活动组织者按照兴奋剂管理或者其他管理规定作出的取消参赛资格、取消比赛成绩、禁赛等处理决定不服发生的纠纷；

（二）因运动员注册、交流发生的纠纷；

（三）在竞技体育活动中发生的其他纠纷。

《中华人民共和国仲裁法》规定的可仲裁纠纷和《中华人民共和国劳动争议调解仲裁法》规定的劳动争议，不属于体育仲裁范围。

● 行政法规及文件

《反兴奋剂条例》（2018 年 9 月 18 日）

第 29 条　发生兴奋剂违规，由全国性体育社会团体等有关单位依据《反兴奋剂规则》及其章程对运动员和辅助人员作出取消比赛成绩和参赛资格、停赛、禁赛等处理，对相关运动员管理单位作出警告、停赛、取消参赛资格等处理。委托检查中发生的兴奋剂违规，由兴奋剂检查委托方和相关单位作出处理决定。

运动员发生兴奋剂违规，还应当处理直接责任人和主管教练员等相关人员。

第 35 条　发生 1 例运动员兴奋剂违规且被禁赛的，该管理单位该项目（不分男女，下同）停赛不少于 1 年；同一管理单位同一项目运动员在全国综合性运动会周期内发生 2 例兴奋剂违规且被禁赛的，取消该单位该项目本届全国综合性运动会参赛资格。停赛时间自运动员兴奋剂违规处理决定作出之日起算。

第 46 条　运动员违反本条例规定的，由有关体育社会团体、运动员管理单位、竞赛组织者作出取消参赛资格、取消比赛成绩或者禁赛的处理。

运动员因受到前款规定的处理不服的，可以向体育仲裁机构申请仲裁。

第九十三条　体育仲裁委员会

国务院体育行政部门依照本法组织设立体育仲裁委员会，制定体育仲裁规则。

体育仲裁委员会由体育行政部门代表、体育社会组织代表、运动员代表、教练员代表、裁判员代表以及体育、法律专家组成，其组成人数应当是单数。

体育仲裁委员会应当设仲裁员名册。仲裁员具体条件由体育仲裁规则规定。

● 法　律

《仲裁法》（2017 年 9 月 1 日）

第 11 条　仲裁委员会应当具备下列条件：

（一）有自己的名称、住所和章程；

（二）有必要的财产；

（三）有该委员会的组成人员；

（四）有聘任的仲裁员。

仲裁委员会的章程应当依照本法制定。

第九十四条　仲裁庭制

体育仲裁委员会裁决体育纠纷实行仲裁庭制。仲裁庭组成人数应当是单数，具体组成办法由体育仲裁规则规定。

第九十五条　建立内部纠纷解决机制

鼓励体育组织建立内部纠纷解决机制，公平、公正、高效地解决纠纷。

体育组织没有内部纠纷解决机制或者内部纠纷解决机制未及时处理纠纷的，当事人可以申请体育仲裁。

● 法　律

1.《民事诉讼法》（2021 年 12 月 24 日）

第 244 条　对依法设立的仲裁机构的裁决，一方当事人不履行的，对方当事人可以向有管辖权的人民法院申请执行。受申请的人民法院应当执行。

被申请人提出证据证明仲裁裁决有下列情形之一的，经人民法院组成合议庭审查核实，裁定不予执行：

（一）当事人在合同中没有订有仲裁条款或者事后没有达成书面仲裁协议的；

（二）裁决的事项不属于仲裁协议的范围或者仲裁机构无权仲裁的；

（三）仲裁庭的组成或者仲裁的程序违反法定程序的；

（四）裁决所根据的证据是伪造的；

（五）对方当事人向仲裁机构隐瞒了足以影响公正裁决的证据的；

（六）仲裁员在仲裁该案时有贪污受贿，徇私舞弊，枉法裁决行为的。

人民法院认定执行该裁决违背社会公共利益的，裁定不予执行。

裁定书应当送达双方当事人和仲裁机构。

仲裁裁决被人民法院裁定不予执行的，当事人可以根据双方达成的书面仲裁协议重新申请仲裁，也可以向人民法院起诉。

2.**《仲裁法》**（2017 年 9 月 1 日）

第 9 条 仲裁实行一裁终局的制度。裁决作出后，当事人就同一纠纷再申请仲裁或者向人民法院起诉的，仲裁委员会或者人民法院不予受理。

裁决被人民法院依法裁定撤销或者不予执行的，当事人就该纠纷可以根据双方重新达成的仲裁协议申请仲裁，也可以向人民法院起诉。

第九十六条 体育仲裁申请

对体育社会组织、运动员管理单位、体育赛事活动组织者的处理决定或者内部纠纷解决机制处理结果不服的，当事人自收到处理决定或者纠纷处理结果之日起二十一日内申请体育仲裁。

行政法规及文件

《反兴奋剂条例》（2018 年 9 月 18 日）

第 46 条 运动员违反本条例规定的，由有关体育社会团体、运动员管理单位、竞赛组织者作出取消参赛资格、取消比赛成绩或者禁赛的处理。

运动员因受到前款规定的处理不服的，可以向体育仲裁机构申请仲裁。

第九十七条 体育仲裁裁决书

体育仲裁裁决书自作出之日起发生法律效力。

裁决作出后，当事人就同一纠纷再申请体育仲裁或者向人民法院起诉的，体育仲裁委员会或者人民法院不予受理。

法 律

《仲裁法》（2017 年 9 月 1 日）

第 9 条 仲裁实行一裁终局的制度。裁决作出后，当事人就同一纠纷再申请仲裁或者向人民法院起诉的，仲裁委员会或者人民法院不予受理。

裁决被人民法院依法裁定撤销或者不予执行的，当事人就该纠纷可以根据双方重新达成的仲裁协议申请仲裁，也可以向人民法院起诉。

第九十八条 申请撤销裁决

有下列情形之一的，当事人可以自收到仲裁裁决书之日起三十日内向体育仲裁委员会所在地的中级人民法院申请撤销裁决：

（一）适用法律、法规确有错误的；

（二）裁决的事项不属于体育仲裁受理范围的；

（三）仲裁庭的组成或者仲裁的程序违反有关规定，足以影响公正裁决的；

（四）裁决所根据的证据是伪造的；

（五）对方当事人隐瞒了足以影响公正裁决的证据的；

（六）仲裁员在仲裁该案时有索贿受贿、徇私舞弊、枉法裁决行为的。

人民法院经组成合议庭审查核实裁决有前款规定情形之一的，或者认定裁决违背社会公共利益的，应当裁定撤销。

人民法院受理撤销裁决的申请后，认为可以由仲裁庭重新仲裁的，通知仲裁庭在一定期限内重新仲裁，并裁定中止撤销程序。仲裁庭拒绝重新仲裁的，人民法院应当裁定恢复撤销程序。

● 法　律

《仲裁法》（2017 年 9 月 1 日）

第 58 条　当事人提出证据证明裁决有下列情形之一的，可以向仲裁委员会所在地的中级人民法院申请撤销裁决：

（一）没有仲裁协议的；

（二）裁决的事项不属于仲裁协议的范围或者仲裁委员会无权仲裁的；

（三）仲裁庭的组成或者仲裁的程序违反法定程序的；

（四）裁决所根据的证据是伪造的；

（五）对方当事人隐瞒了足以影响公正裁决的证据的；

（六）仲裁员在仲裁该案时有索贿受贿，徇私舞弊，枉法裁决行为的。

人民法院经组成合议庭审查核实裁决有前款规定情形之一的，应当裁定撤销。

人民法院认定该裁决违背社会公共利益的，应当裁定撤销。

第九十九条　申请执行体育仲裁裁决

当事人应当履行体育仲裁裁决。一方当事人不履行的，另一方当事人可以依照《中华人民共和国民事诉讼法》的有关规定向人民法院申请执行。

法　律

1.《民事诉讼法》（2021 年 12 月 24 日）

第 244 条　对依法设立的仲裁机构的裁决，一方当事人不履行的，对方当事人可以向有管辖权的人民法院申请执行。受申请的人民法院应当执行。

被申请人提出证据证明仲裁裁决有下列情形之一的，经人民法院组成合议庭审查核实，裁定不予执行：

（一）当事人在合同中没有订有仲裁条款或者事后没有达成书面仲裁协议的；

（二）裁决的事项不属于仲裁协议的范围或者仲裁机构无权仲裁的；

（三）仲裁庭的组成或者仲裁的程序违反法定程序的；

（四）裁决所根据的证据是伪造的；

（五）对方当事人向仲裁机构隐瞒了足以影响公正裁决的证据的；

（六）仲裁员在仲裁该案时有贪污受贿，徇私舞弊，枉法裁决行为的。

人民法院认定执行该裁决违背社会公共利益的，裁定不予执行。

裁定书应当送达双方当事人和仲裁机构。

仲裁裁决被人民法院裁定不予执行的，当事人可以根据双方达成的书面仲裁协议重新申请仲裁，也可以向人民法院起诉。

2.《**仲裁法**》（2017 年 9 月 1 日）

第 28 条 一方当事人因另一方当事人的行为或者其他原因，可能使裁决不能执行或者难以执行的，可以申请财产保全。

当事人申请财产保全的，仲裁委员会应当将当事人的申请依照民事诉讼法的有关规定提交人民法院。

申请有错误的，申请人应当赔偿被申请人因财产保全所遭受的损失。

第 62 条 当事人应当履行裁决。一方当事人不履行的，另一方当事人可以依照民事诉讼法的有关规定向人民法院申请执行。受申请的人民法院应当执行。

第一百条 体育仲裁特别程序

需要即时处理的体育赛事活动纠纷，适用体育仲裁特别程序。

特别程序由体育仲裁规则规定。

第十章 监督管理

第一百零一条 体育行政部门和有关部门的监督检查职责

县级以上人民政府体育行政部门和有关部门应当积极履行监督检查职责，发现违反本法规定行为的，应当及时做出处理。对不属于本部门主管事项的，应当及时书面通知并移交相关部门查处。

第一百零二条 体育行政部门对体育赛事活动依法进行监管

县级以上人民政府体育行政部门对体育赛事活动依法进行监管，对赛事活动场地实施现场检查，查阅、复制有关合同、票据、账簿，检查赛事活动组织方案、安全应急预案等材料。

县级以上人民政府公安、市场监管、应急管理等部门按照各自职责对体育赛事活动进行监督管理。

体育赛事活动组织者应当履行安全保障义务，提供符合要求的安全条件，制定风险防范及应急处置预案等保障措施，维护体育赛事活动的安全。

体育赛事活动因发生极端天气、自然灾害、公共卫生事件等突发事件，不具备办赛条件的，体育赛事活动组织者应当及时予以中止；未中止的，县级以上人民政府应当责令其中止。

部门规章及文件

《体育赛事活动管理办法》（2020 年 1 月 17 日）

第 10 条 除第七、八条规定外，体育总局对体育赛事活动一律不做审批，公安、市场监管、卫生健康、交通运输、海事、无线电管理、外事等部门另有规定的，主办方或承办方应按规定办理。

地方体育部门应当按照国务院、地方人大和政府的相关规定，减少体育赛事活动审批；对保留的审批事项，不断优化服务。

地方体育部门应当积极协调推动地方人民政府，根据实际需要建立体育、公安、卫生等多部门对商业性、群众性大型体育赛事活动联合“一站式”服务机制或部门协同工作机制。

机关、企事业单位、社会组织和个人均可依法组织和举办体育赛事活动。

机关、事业单位、体育协会举办体育赛事活动，应当公开、公平、公正选择承办方，并鼓励和支持社会广泛参与。

第 13 条 体育赛事活动主办方和承办方应当建立组委会等组织机制，根据需要组建竞赛、安全、新闻、医疗等专门委员会，明确举办体育赛事活动的分工和责任，协同合作。

承办方应当做好体育赛事活动各项保障工作，负责体育赛事活动的安全，对重要体育赛事活动进行风险评估，制定相关预案及安全工作方案，并督促落实各项具体措施。主办方直接承担体育赛事活动筹备和组织工作的，履行承办方责任。

协办方应当确保其提供的产品或服务的质量和安全。

第 15 条 举办体育赛事活动，主办方和承办方应当根据需要，做好下列保障工作：

（一）配备具有相应资格或资质的专业技术人员；

（二）配置符合相关标准和要求的场地、器材和设施；

（三）落实医疗、卫生、食品、交通、安全保卫、生态保护等相关措施。

体育赛事活动对参赛者身体条件有特殊要求的，主办方或承办方应当要求其提供符合体育赛事活动要求的身体状况证明，参赛者应予以配合。

体育部门主办的体育赛事活动，应当主动购买公众责任方面的保险。鼓励其他体育赛事活动主办方、参与者购买公众责任或意外伤害方面的保险。

第 19 条 体育赛事活动因自然灾害、政府行为、社会异常事件等因素确需变更时间、地点、内容、规模或取消的，主办方应当在获得相关信息后及时公告。因变更或取消体育赛事活动造成承办方、协办方、参与者、观众等相关方损失的，应当按照协议依法予以补偿。

第 21 条 体育赛事活动相关人员（包括参赛者、裁判员、志愿者、观众、体育赛事活动组织机构工作人员等，以下同）应当履行诚信、安全、有序的办赛、参赛、观赛义务，做到：

（一）遵守相关法律法规规定；

（二）遵守体育道德，不得弄虚作假、徇私舞弊，严禁使用兴奋剂、操纵比赛、冒名顶替等行为；

（三）遵守竞赛规则、规程、赛场行为规范和组委会的相关规定，自觉接受安全检查，服从现场管理，维护体育赛事活动正常秩序；

（四）遵守社会公德，不得损坏体育设施，不得影响和妨碍公共安全，不得在体育赛事活动中有违反社会公序良俗的言行。

第一百零三条 对体育市场的监督管理

县级以上人民政府市场监管、体育行政等部门按照各自职责对体育市场进行监督管理。

行政法规及文件

《反兴奋剂条例》（2018 年 9 月 18 日）

第 4 条 国务院体育主管部门负责并组织全国的反兴奋剂工作。

县级以上人民政府负责药品监督管理的部门和卫生、教育等有关部门，在各自职责范围内依照本条例和有关法律、行政法规的规定负责反兴奋剂工作。

第一百零四条 体育项目管理制度

国家建立体育项目管理制度，新设体育项目由国务院体育行政部门认定。

体育项目目录每四年公布一次。

行政法规及文件

1. **《全民健身条例》**（2016 年 2 月 6 日）

第 32 条 企业、个体工商户经营高危险性体育项目的，应当符合下列条件，并向县级以上地方人民政府体育主管部门提出申请：

（一）相关体育设施符合国家标准；

（二）具有达到规定数量的取得国家职业资格证书的社会体育指导人员和救助人员；

（三）具有相应的安全保障制度和措施。

县级以上地方人民政府体育主管部门应当自收到申请之日起30日内进行实地核查，做出批准或者不予批准的决定。批准的，应当发给许可证；不予批准的，应当书面通知申请人并说明理由。

国务院体育主管部门应当会同有关部门制定、调整高危险性体育项目目录，经国务院批准后予以公布。

2. **《公共文化体育设施条例》**（2003年6月26日）

第25条 公共文化体育设施管理单位应当建立、健全安全管理制度，依法配备安全保护设施、人员，保证公共文化体育设施的完好，确保公众安全。

公共体育设施内设置的专业性强、技术要求高的体育项目，应当符合国家规定的安全服务技术要求。

第一百零五条 经营高危险性体育项目的条件

经营高危险性体育项目，应当符合下列条件，并向县级以上地方人民政府体育行政部门提出申请：

（一）相关体育设施符合国家标准；

（二）具有达到规定数量的取得相应国家职业资格证书或者职业技能等级证书的社会体育指导人员和救助人员；

（三）具有相应的安全保障、应急救援制度和措施。

县级以上地方人民政府体育行政部门应当自收到申请之日起三十日内进行实地核查，并作出批准或者不予批准的决定。予以批准的，应当发给许可证；不予批准的，应当书面通知申请人并说明理由。

国务院体育行政部门会同有关部门制定、调整高危险性体育项目目录并予以公布。

行政法规及文件

《全民健身条例》（2016 年 2 月 6 日）

第 32 条 企业、个体工商户经营高危险性体育项目的，应当符合下列条件，并向县级以上地方人民政府体育主管部门提出申请：

（一）相关体育设施符合国家标准；

（二）具有达到规定数量的取得国家职业资格证书的社会体育指导人员和救助人员；

（三）具有相应的安全保障制度和措施。

县级以上地方人民政府体育主管部门应当自收到申请之日起30 日内进行实地核查，做出批准或者不予批准的决定。批准的，应当发给许可证；不予批准的，应当书面通知申请人并说明理由。

国务院体育主管部门应当会同有关部门制定、调整高危险性体育项目目录，经国务院批准后予以公布。

第一百零六条 举办高危险性体育赛事活动的条件

举办高危险性体育赛事活动，应当符合下列条件，并向县级以上地方人民政府体育行政部门提出申请：

（一）配备具有相应资格或者资质的专业技术人员；

（二）配置符合相关标准和要求的场地、器材和设施；

（三）制定通信、安全、交通、卫生健康、食品、应急救援等相关保障措施。

县级以上地方人民政府体育行政部门应当自收到申请之日起三十日内进行实地核查，并作出批准或者不予批准的决定。

国务院体育行政部门会同有关部门制定、调整高危险性体育赛事活动目录并予以公布。

● **部门规章及文件**

《体育赛事活动管理办法》（2020 年 1 月 17 日）

第 15 条 举办体育赛事活动，主办方和承办方应当根据需要，做好下列保障工作：

（一）配备具有相应资格或资质的专业技术人员；

（二）配置符合相关标准和要求的场地、器材和设施；

（三）落实医疗、卫生、食品、交通、安全保卫、生态保护等相关措施。

体育赛事活动对参赛者身体条件有特殊要求的，主办方或承办方应当要求其提供符合体育赛事活动要求的身体状况证明，参赛者应予以配合。

体育部门主办的体育赛事活动，应当主动购买公众责任方面的保险。鼓励其他体育赛事活动主办方、参与者购买公众责任或意外伤害方面的保险。

第一百零七条 体育执法机制

县级以上地方人民政府应当建立体育执法机制，为体育执法提供必要保障。体育执法情况应当向社会公布，接受社会监督。

第一百零八条 全民健身、青少年和学校体育工作报告

县级以上地方人民政府每届任期内至少向本级人民代表大会或者其常务委员会报告一次全民健身、青少年和学校体育工作。

行政法规及文件

《全民健身条例》（2016 年 2 月 6 日）

第 2 条 县级以上地方人民政府应当将全民健身事业纳入本级国民经济和社会发展规划，有计划地建设公共体育设施，加大对农村地区和城市社区等基层公共体育设施建设的投入，促进全民健身事业均衡协调发展。

国家支持、鼓励、推动与人民群众生活水平相适应的体育消费以及体育产业的发展。

第 5 条 国务院体育主管部门负责全国的全民健身工作，国务院其他有关部门在各自职责范围内负责有关的全民健身工作。

县级以上地方人民政府主管体育工作的部门（以下简称体育主管部门）负责本行政区域内的全民健身工作，县级以上地方人民政府其他有关部门在各自职责范围内负责有关的全民健身工作。

第 11 条 全民健身计划由县级以上人民政府体育主管部门会同有关部门组织实施。县级以上地方人民政府应当加强组织和协调，对本行政区域全民健身计划实施情况负责。

县级以上人民政府体育主管部门应当在本级人民政府任期届满时会同有关部门对全民健身计划实施情况进行评估，并将评估结果向本级人民政府报告。

第十一章　法 律 责 任

第一百零九条　国家机关及其工作人员的法律责任

国家机关及其工作人员违反本法规定，有下列行为之一的，由其所在单位、主管部门或者上级机关责令改正；对负有责任的领导人员和直接责任人员依法给予处分：

（一）对违法行为不依法查处的；

（二）侵占、挪用、截留、克扣、私分体育资金的；

（三）在组织体育赛事活动时，有违反体育道德和体育赛事规则，弄虚作假、营私舞弊等行为的；

（四）其他不依法履行职责的行为。

● 行政法规及文件

1.《反兴奋剂条例》（2018 年 9 月 18 日）

第 37 条 体育主管部门和其他行政机关及其工作人员不履行职责，或者包庇、纵容非法使用、提供兴奋剂，或者有其他违反本条例行为的，对负有责任的主管人员和其他直接责任人员，依法给予行政处分；构成犯罪的，依法追究刑事责任。

2.《公共文化体育设施条例》（2003 年 6 月 26 日）

第 28 条 文化、体育、城乡规划、建设、土地等有关行政主管部门及其工作人员，不依法履行职责或者发现违法行为不予依法查处的，对负有责任的主管人员和其他直接责任人员，依法给予行政处分；构成犯罪的，依法追究刑事责任。

第一百一十条 体育组织的法律责任

体育组织违反本法规定的，由相关部门责令改正，给予警告，对负有责任的领导人员和直接责任人员依法给予处分；可以限期停止活动，并可责令撤换直接负责的主管人员；情节严重的，予以撤销登记。

● 部门规章及文件

《社会体育指导员管理办法》（2011 年 10 月 9 日）

第 38 条 地方各级体育主管部门和有关组织、单位违反本办法，未履行社会体育指导员工作职责的，由其上级部门或有关主管部门责令限期改正；拒不改正的，对负有责任的主管人员和其他直接责任人员依法给予处分。

第一百一十一条 学校的法律责任

学校违反本法有关规定的，由有关主管部门责令改正；对负有责任的领导人员和直接责任人员依法给予处分。

法　律

1.《**未成年人保护法**》（2020 年 10 月 17 日）

第 119 条　学校、幼儿园、婴幼儿照护服务等机构及其教职员工违反本法第二十七条、第二十八条、第三十九条规定的，由公安、教育、卫生健康、市场监督管理等部门按照职责分工责令改正；拒不改正或者情节严重的，对直接负责的主管人员和其他直接责任人员依法给予处分。

行政法规及文件

2.《**全民健身条例**》（2016 年 2 月 6 日）

第 35 条　学校违反本条例规定的，由县级以上人民政府教育主管部门按照管理权限责令改正；拒不改正的，对负有责任的主管人员和其他直接责任人员依法给予处分。

第一百一十二条 动员、教练员、裁判员法律责任

运动员、教练员、裁判员违反本法规定，有违反体育道德和体育赛事规则，弄虚作假、营私舞弊等行为的，由体育组织按照有关规定给予处理；情节严重、社会影响恶劣的，由县级以上人民政府体育行政部门纳入限制、禁止参加竞技体育活动名单；有违法所得的，没收违法所得，并处一万元以上十万元以下的罚款。

利用体育赛事从事赌博活动的，由公安机关依法查处。

部门规章及文件

《体育竞赛裁判员管理办法》（2015 年 9 月 23 日）

第 41 条 各全国单项协会、各省、自治区、直辖市政府体育主管部门或地方单项协会应至少每 2 年对本单位注册裁判员进行工作考核。

第 42 条 对违规违纪裁判员的处罚：

处罚分为：警告、取消若干场次裁判执裁资格、取消裁判执裁资格 1 至 2 年、降低裁判员技术等级资格、撤销裁判员技术等级资格、终身禁止裁判员执裁资格。

第 43 条 各全国单项协会、各地方单项协会负责对相应等级的违规违纪裁判员做出处罚。地方单项协会不健全的，由当地政府体育主管部门向上级单项协会提出处罚意见，由上级单项协会对违规违纪裁判员进行处罚。

第一百一十三条 体育赛事活动组织者法律责任

体育赛事活动组织者有下列行为之一的，由县级以上地方人民政府体育行政部门责令改正，处五万元以上五十万元以下的罚款；有违法所得的，没收违法所得；情节严重的，给予一年以上三年以下禁止组织体育赛事活动的处罚：

（一）未经许可举办高危险性体育赛事活动的；

（二）体育赛事活动因突发事件不具备办赛条件时，未及时中止的；

（三）安全条件不符合要求的；

（四）有违反体育道德和体育赛事规则，弄虚作假、营私舞弊等行为的；

（五）未按要求采取风险防范及应急处置预案等保障措施的。

第一百一十四条 侵占、破坏公共体育场地设施的法律责任

违反本法规定，侵占、破坏公共体育场地设施的，由县级以上地方人民政府体育行政部门会同有关部门予以制止，责令改正，并可处实际损失五倍以下的罚款。

● 法 律

《公共文化服务保障法》（2016 年 12 月 25 日）

第 59 条 违反本法规定，地方各级人民政府和县级以上人民政府有关部门，有下列行为之一的，由其上级机关或者监察机关责令限期改正；情节严重的，对直接负责的主管人员和其他直接责任人员依法给予处分：

（一）侵占、挪用公共文化服务资金的；

（二）擅自拆除、侵占、挪用公共文化设施，或者改变其功能、用途，或者妨碍其正常运行的；

（三）未依照本法规定重建公共文化设施的；

（四）滥用职权、玩忽职守、徇私舞弊的。

第一百一十五条 未经批准临时占用公共体育场地设施的法律责任

违反本法规定，未经批准临时占用公共体育场地设施的，由县级以上地方人民政府体育行政部门会同有关部门责令限期改正；逾期未改正的，对公共体育场地设施管理单位处十万元以上五十万元以下的罚款；有违法所得的，没收违法所得。

第一百一十六条 未经许可经营高危险性体育项目的法律责任

未经许可经营高危险性体育项目的，由县级以上地方人民政府体育行政部门会同有关部门责令限期关闭；逾期未关

闭的，处十万元以上五十万元以下的罚款；有违法所得的，没收违法所得。

违法经营高危险性体育项目的，由县级以上地方人民政府体育行政部门责令改正；逾期未改正的，处五万元以上五十万元以下的罚款；有违法所得的，没收违法所得；造成严重后果的，由主管部门责令关闭，吊销许可证照，五年内不得再从事该项目经营活动。

行政法规及文件

《全民健身条例》（2016 年 2 月 6 日）

第 36 条 未经批准，擅自经营高危险性体育项目的，由县级以上地方人民政府体育主管部门按照管理权限责令改正；有违法所得的，没收违法所得；违法所得不足 3 万元或者没有违法所得的，并处 3 万元以上 10 万元以下的罚款；违法所得 3 万元以上的，并处违法所得 2 倍以上 5 倍以下的罚款。

第 37 条 高危险性体育项目经营者取得许可证后，不再符合本条例规定条件仍经营该体育项目的，由县级以上地方人民政府体育主管部门按照管理权限责令改正；有违法所得的，没收违法所得；违法所得不足 3 万元或者没有违法所得的，并处 3 万元以上 10 万元以下的罚款；违法所得 3 万元以上的，并处违法所得 2 倍以上 5 倍以下的罚款；拒不改正的，由原发证机关吊销许可证。

第一百一十七条 运动员违规使用兴奋剂的法律责任

运动员违规使用兴奋剂的，由有关体育社会组织、运动员管理单位、体育赛事活动组织者作出取消参赛资格、取消比赛成绩或者禁赛等处理。

● 行政法规及文件

1.《反兴奋剂条例》（2018 年 9 月 18 日）

第 32 条 国务院体育主管部门应当根据兴奋剂检查计划，决定对全国性体育竞赛的参赛运动员实施赛内兴奋剂检查；并可以决定对省级体育竞赛的参赛运动员实施赛内兴奋剂检查。

其他体育竞赛需要进行赛内兴奋剂检查的，由竞赛组织者决定。

第 46 条 运动员违反本条例规定的，由有关体育社会团体、运动员管理单位、竞赛组织者作出取消参赛资格、取消比赛成绩或者禁赛的处理。

运动员因受到前款规定的处理不服的，可以向体育仲裁机构申请仲裁。

● 部门规章及文件

2.《体育赛事活动管理办法》（2020 年 1 月 17 日）

第 40 条 主办方和承办方应当按照国家有关规定履行体育赛事活动反兴奋剂职责，积极配合反兴奋剂组织开展宣传教育以及检查调查等工作，采取措施防范兴奋剂风险隐患，在管理权限内对兴奋剂违规问题作出处理。

3.《反兴奋剂管理办法》（2021 年 7 月 20 日）

第 29 条 发生兴奋剂违规，由全国性体育社会团体等有关单位依据《反兴奋剂规则》及其章程对运动员和辅助人员作出取消比赛成绩和参赛资格、停赛、禁赛等处理，对相关运动员管理单位作出警告、停赛、取消参赛资格等处理。委托检查中发生的兴奋剂违规，由兴奋剂检查委托方和相关单位作出处理决定。

运动员发生兴奋剂违规，还应当处理直接责任人和主管教练员等相关人员。

第 33 条 发生兴奋剂违规且被禁赛的运动员和辅助人员，

禁赛期内相关管理单位应禁止其从事运动员辅助工作和运动队管理工作，禁止使用政府所属或者资助的体育场馆设施进行训练，取消与体育相关的政府津贴、补助或者其他经济资助，取消体育系统各类奖励、奖项、荣誉称号、职称、科研项目的申报和评比资格。

发生兴奋剂违规且被禁赛的运动员和辅助人员，禁赛期满后4年内，相关管理单位应取消其参加体育系统各类评优评先、荣誉称号、职称、科研项目的申报和评比资格。

代表国家队参加奥运会、亚运会等重大国际赛事期间发生兴奋剂违规的运动员和辅助人员，组织、强迫、欺骗、教唆运动员使用兴奋剂或对运动员施用兴奋剂的辅助人员，以及发生其他严重兴奋剂违规的人员，终身取消参加体育系统各类评优评先、荣誉称号、职称、科研项目的申报和评比资格，严禁参与国家队和省区市运动队运动员训练指导、体育教学、青少年体育等工作。涉嫌犯罪的，移交监察机关或者司法机关，依法追究刑事责任。

因兴奋剂违规被禁赛1年以上（不含1年）的运动员和辅助人员，不得以任何身份入选国家队。禁赛期在1年及1年以下的，进入国家队需严格审核。

第35条　发生1例运动员兴奋剂违规且被禁赛的，该管理单位该项目（不分男女，下同）停赛不少于1年；同一管理单位同一项目运动员在全国综合性运动会周期内发生2例兴奋剂违规且被禁赛的，取消该单位该项目本届全国综合性运动会参赛资格。停赛时间自运动员兴奋剂违规处理决定作出之日起算。

第37条　国家队运动员在国家队、国家（集训）队训练期间或者代表国家参赛期间发生的兴奋剂违规，主管教练员应认定为国家队主管教练员。有直接责任人的，按照调查情况认定运动员管理单位；无直接责任人的，运动员管理单位应认定为国家运动项目管理单位。

国家队运动员在国家队、国家（集训）队训练期间或者代表国家参赛期间发生的兴奋剂违规，经调查与运动员所属单位无关的，不计入对单位的累计例数。

各省区市、行业体育协会、学校等有关单位委托实施的检查中发生的兴奋剂违规，不计入对单位的累计例数。

未发生兴奋剂违规的运动员经审查可以以个人身份参赛。

第40条 各级各类体育运动学校运动员发生兴奋剂违规且被禁赛的，该学校不得参加国家高水平体育后备人才基地的评选或认定。对已命名为国家高水平体育后备人才基地的，取消命名。

第41条 运动员禁赛期间违规参赛的，或者退役运动员违规参赛的，或者有其他不执行处理决定行为的，应责令停止违规行为；由体育主管部门给予运动员管理单位、负有责任的国家或者地方运动项目管理单位通报批评，给予负有责任的公职人员处分。

第一百一十八条 组织、强迫、欺骗、教唆、引诱运动员使用兴奋剂和提供或者变相提供兴奋剂的法律责任

组织、强迫、欺骗、教唆、引诱运动员在体育运动中使用兴奋剂的，由国务院体育行政部门或者省、自治区、直辖市人民政府体育行政部门没收非法持有的兴奋剂；直接负责的主管人员和其他直接责任人员四年内不得从事体育管理工作和运动员辅助工作；情节严重的，终身不得从事体育管理工作和运动员辅助工作。

向运动员提供或者变相提供兴奋剂的，由国务院体育行政部门或者省、自治区、直辖市人民政府体育行政部门没收非法持有的兴奋剂，并处五万元以上五十万元以下的罚款；有违法所得的，没收违法所得；并给予禁止一定年限直至终身从事体育管理工作和运动员辅助工作的处罚。

行政法规及文件

《反兴奋剂条例》（2018 年 9 月 18 日）

第 39 条　体育社会团体、运动员管理单位向运动员提供兴奋剂或者组织、强迫、欺骗运动员在体育运动中使用兴奋剂的，由国务院体育主管部门或者省、自治区、直辖市人民政府体育主管部门收缴非法持有的兴奋剂；负有责任的主管人员和其他直接责任人员 4 年内不得从事体育管理工作和运动员辅助工作；情节严重的，终身不得从事体育管理工作和运动员辅助工作；造成运动员人身损害的，依法承担民事赔偿责任；构成犯罪的，依法追究刑事责任。

体育社会团体、运动员管理单位未履行本条例规定的其他义务的，由国务院体育主管部门或者省、自治区、直辖市人民政府体育主管部门责令改正；造成严重后果的，负有责任的主管人员和其他直接责任人员 2 年内不得从事体育管理工作和运动员辅助工作。

第 40 条　运动员辅助人员组织、强迫、欺骗、教唆运动员在体育运动中使用兴奋剂的，由国务院体育主管部门或者省、自治区、直辖市人民政府体育主管部门收缴非法持有的兴奋剂；4 年内不得从事运动员辅助工作和体育管理工作；情节严重的，终身不得从事运动员辅助工作和体育管理工作；造成运动员人身损害的，依法承担民事赔偿责任；构成犯罪的，依法追究刑事责任。

运动员辅助人员向运动员提供兴奋剂，或者协助运动员在体育运动中使用兴奋剂，或者实施影响采样结果行为的，由国务院体育主管部门或者省、自治区、直辖市人民政府体育主管部门收缴非法持有的兴奋剂；2 年内不得从事运动员辅助工作和体育管理工作；情节严重的，终身不得从事运动员辅助工作和体育管理工作；造成运动员人身损害的，依法承担民事赔偿责任；构成犯罪的，依法追究刑事责任。

第一百一十九条　民事、行政及刑事责任

违反本法规定，造成财产损失或者其他损害的，依法承担民事责任；构成违反治安管理行为的，由公安机关依法给予治安管理处罚；构成犯罪的，依法追究刑事责任。

第十二章　附　　则

第一百二十条　对在国际体育运动中损害中国主权、安全、发展利益和尊严的行为采取相应措施

任何国家、地区或者组织在国际体育运动中损害中华人民共和国主权、安全、发展利益和尊严的，中华人民共和国可以根据实际情况采取相应措施。

第一百二十一条　中国人民解放军和中国人民武装警察部队开展体育活动的具体办法

中国人民解放军和中国人民武装警察部队开展体育活动的具体办法，由中央军事委员会依照本法制定。

第一百二十二条　施行日期

本法自 2023 年 1 月 1 日起施行。

附录一

中华人民共和国
基本医疗卫生与健康促进法

（2019 年 12 月 28 日第十三届全国人民代表大会常务委员会第十五次会议通过　2019 年 12 月 28 日中华人民共和国主席令第 38 号公布　自 2020 年 6 月 1 日起施行）

目　　录

第一章　总　　则

第一条　为了发展医疗卫生与健康事业，保障公民享有基本医疗卫生服务，提高公民健康水平，推进健康中国建设，根据宪法，制定本法。

第二条　从事医疗卫生、健康促进及其监督管理活动，适用本法。

第三条　医疗卫生与健康事业应当坚持以人民为中心，为人民健康服务。

医疗卫生事业应当坚持公益性原则。

第四条 国家和社会尊重、保护公民的健康权。

国家实施健康中国战略，普及健康生活，优化健康服务，完善健康保障，建设健康环境，发展健康产业，提升公民全生命周期健康水平。

国家建立健康教育制度，保障公民获得健康教育的权利，提高公民的健康素养。

第五条 公民依法享有从国家和社会获得基本医疗卫生服务的权利。

国家建立基本医疗卫生制度，建立健全医疗卫生服务体系，保护和实现公民获得基本医疗卫生服务的权利。

第六条 各级人民政府应当把人民健康放在优先发展的战略地位，将健康理念融入各项政策，坚持预防为主，完善健康促进工作体系，组织实施健康促进的规划和行动，推进全民健身，建立健康影响评估制度，将公民主要健康指标改善情况纳入政府目标责任考核。

全社会应当共同关心和支持医疗卫生与健康事业的发展。

第七条 国务院和地方各级人民政府领导医疗卫生与健康促进工作。

国务院卫生健康主管部门负责统筹协调全国医疗卫生与健康促进工作。国务院其他有关部门在各自职责范围内负责有关的医疗卫生与健康促进工作。

县级以上地方人民政府卫生健康主管部门负责统筹协调本行政区域医疗卫生与健康促进工作。县级以上地方人民政府其他有关部门在各自职责范围内负责有关的医疗卫生与健康促进工作。

第八条 国家加强医学基础科学研究，鼓励医学科学技术创新，支持临床医学发展，促进医学科技成果的转化和应用，推进医疗卫生与信息技术融合发展，推广医疗卫生适宜技术，提高医疗卫生服务质量。

国家发展医学教育，完善适应医疗卫生事业发展需要的医学教育体系，大力培养医疗卫生人才。

第九条 国家大力发展中医药事业，坚持中西医并重、传承与创新相结合，发挥中医药在医疗卫生与健康事业中的独特作用。

第十条 国家合理规划和配置医疗卫生资源，以基层为重点，采取多种措施优先支持县级以下医疗卫生机构发展，提高其医疗卫生服务能力。

第十一条 国家加大对医疗卫生与健康事业的财政投入，通过增加转移支付等方式重点扶持革命老区、民族地区、边疆地区和经济欠发达地区发展医疗卫生与健康事业。

第十二条 国家鼓励和支持公民、法人和其他组织通过依法举办机构和捐赠、资助等方式，参与医疗卫生与健康事业，满足公民多样化、差异化、个性化健康需求。

公民、法人和其他组织捐赠财产用于医疗卫生与健康事业的，依法享受税收优惠。

第十三条 对在医疗卫生与健康事业中做出突出贡献的组织和个人，按照国家规定给予表彰、奖励。

第十四条 国家鼓励和支持医疗卫生与健康促进领域的对外交流合作。

开展医疗卫生与健康促进对外交流合作活动，应当遵守法律、法规，维护国家主权、安全和社会公共利益。

第二章　基本医疗卫生服务

第十五条 基本医疗卫生服务，是指维护人体健康所必需、与经济社会发展水平相适应、公民可公平获得的，采用适宜药物、适宜技术、适宜设备提供的疾病预防、诊断、治疗、护理和康复等服务。

基本医疗卫生服务包括基本公共卫生服务和基本医疗服务。基本公共卫生服务由国家免费提供。

第十六条 国家采取措施，保障公民享有安全有效的基本公共卫生服务，控制影响健康的危险因素，提高疾病的预防控制水平。

国家基本公共卫生服务项目由国务院卫生健康主管部门会同国务院财政部门、中医药主管部门等共同确定。

省、自治区、直辖市人民政府可以在国家基本公共卫生服务项目基础上，补充确定本行政区域的基本公共卫生服务项目，并报国务院卫生健康主管部门备案。

第十七条 国务院和省、自治区、直辖市人民政府可以将针对重点地区、重点疾病和特定人群的服务内容纳入基本公共卫生服务项目并组织实施。

县级以上地方人民政府针对本行政区域重大疾病和主要健康危险因素，开展专项防控工作。

第十八条 县级以上人民政府通过举办专业公共卫生机构、基层医疗卫生机构和医院，或者从其他医疗卫生机构购买服务的方式提供基本公共卫生服务。

第十九条 国家建立健全突发事件卫生应急体系，制定和完善应急预案，组织开展突发事件的医疗救治、卫生学调查处置和心理援助等卫生应急工作，有效控制和消除危害。

第二十条 国家建立传染病防控制度，制定传染病防治规划并组织实施，加强传染病监测预警，坚持预防为主、防治结合，联防联控、群防群控、源头防控、综合治理，阻断传播途径，保护易感人群，降低传染病的危害。

任何组织和个人应当接受、配合医疗卫生机构为预防、控制、消除传染病危害依法采取的调查、检验、采集样本、隔离治疗、医学观察等措施。

第二十一条 国家实行预防接种制度，加强免疫规划工作。居民有依法接种免疫规划疫苗的权利和义务。政府向居民免费提供免疫规划疫苗。

第二十二条 国家建立慢性非传染性疾病防控与管理制度，对慢性非传染性疾病及其致病危险因素开展监测、调查和综合防控干预，及时发现高危人群，为患者和高危人群提供诊疗、早期干预、随访管理和健康教育等服务。

第二十三条 国家加强职业健康保护。县级以上人民政府应当制定职业病防治规划，建立健全职业健康工作机制，加强职业健康监督管理，提高职业病综合防治能力和水平。

用人单位应当控制职业病危害因素，采取工程技术、个体防护和健康管理等综合治理措施，改善工作环境和劳动条件。

第二十四条 国家发展妇幼保健事业，建立健全妇幼健康服务体系，为妇女、儿童提供保健及常见病防治服务，保障妇女、儿童健康。

国家采取措施，为公民提供婚前保健、孕产期保健等服务，促进生殖健康，预防出生缺陷。

第二十五条 国家发展老年人保健事业。国务院和省、自治区、直辖市人民政府应当将老年人健康管理和常见病预防等纳入基本公共卫生服务项目。

第二十六条 国家发展残疾预防和残疾人康复事业，完善残疾预防和残疾人康复及其保障体系，采取措施为残疾人提供基本康复服务。

县级以上人民政府应当优先开展残疾儿童康复工作，实行康复与教育相结合。

第二十七条 国家建立健全院前急救体系，为急危重症患者提供及时、规范、有效的急救服务。

卫生健康主管部门、红十字会等有关部门、组织应当积极开展急救培训，普及急救知识，鼓励医疗卫生人员、经过急救培训的人员积极参与公共场所急救服务。公共场所应当按照规定配备必要的急救设备、设施。

急救中心（站）不得以未付费为由拒绝或者拖延为急危重症患者提供急救服务。

第二十八条 国家发展精神卫生事业，建设完善精神卫生服务体系，维护和增进公民心理健康，预防、治疗精神障碍。

国家采取措施，加强心理健康服务体系和人才队伍建设，促进心理健康教育、心理评估、心理咨询与心理治疗服务的有效衔接，设立为公众提供公益服务的心理援助热线，加强未成年人、残疾人和老年人等重点人群心理健康服务。

第二十九条 基本医疗服务主要由政府举办的医疗卫生机构提供。鼓励社会力量举办的医疗卫生机构提供基本医疗服务。

第三十条 国家推进基本医疗服务实行分级诊疗制度，引导非急诊患者首先到基层医疗卫生机构就诊，实行首诊负责制和转诊审核责任制，逐步建立基层首诊、双向转诊、急慢分治、上下联动的机制，并与基本医疗保险制度相衔接。

县级以上地方人民政府根据本行政区域医疗卫生需求，整合区域内政府举办的医疗卫生资源，因地制宜建立医疗联合体等协同联动的医疗服务合作机制。鼓励社会力量举办的医疗卫生机构参与医疗服务合作机制。

第三十一条 国家推进基层医疗卫生机构实行家庭医生签约服务，建立家庭医生服务团队，与居民签订协议，根据居民健康状况和医疗需求提供基本医疗卫生服务。

第三十二条 公民接受医疗卫生服务，对病情、诊疗方案、医疗风险、医疗费用等事项依法享有知情同意的权利。

需要实施手术、特殊检查、特殊治疗的，医疗卫生人员应当及时向患者说明医疗风险、替代医疗方案等情况，并取得其同意；不能或者不宜向患者说明的，应当向患者的近亲属说明，并取得其同意。法律另有规定的，依照其规定。

开展药物、医疗器械临床试验和其他医学研究应当遵守医学伦理规范，依法通过伦理审查，取得知情同意。

第三十三条 公民接受医疗卫生服务，应当受到尊重。医疗卫生机构、医疗卫生人员应当关心爱护、平等对待患者，尊重患者人格尊严，保护患者隐私。

公民接受医疗卫生服务，应当遵守诊疗制度和医疗卫生服务秩序，尊重医疗卫生人员。

第三章　医疗卫生机构

第三十四条　国家建立健全由基层医疗卫生机构、医院、专业公共卫生机构等组成的城乡全覆盖、功能互补、连续协同的医疗卫生服务体系。

国家加强县级医院、乡镇卫生院、村卫生室、社区卫生服务中心（站）和专业公共卫生机构等的建设，建立健全农村医疗卫生服务网络和城市社区卫生服务网络。

第三十五条　基层医疗卫生机构主要提供预防、保健、健康教育、疾病管理，为居民建立健康档案，常见病、多发病的诊疗以及部分疾病的康复、护理，接收医院转诊患者，向医院转诊超出自身服务能力的患者等基本医疗卫生服务。

医院主要提供疾病诊治，特别是急危重症和疑难病症的诊疗，突发事件医疗处置和救援以及健康教育等医疗卫生服务，并开展医学教育、医疗卫生人员培训、医学科学研究和对基层医疗卫生机构的业务指导等工作。

专业公共卫生机构主要提供传染病、慢性非传染性疾病、职业病、地方病等疾病预防控制和健康教育、妇幼保健、精神卫生、院前急救、采供血、食品安全风险监测评估、出生缺陷防治等公共卫生服务。

第三十六条　各级各类医疗卫生机构应当分工合作，为公民提供预防、保健、治疗、护理、康复、安宁疗护等全方位全周期的医疗卫生服务。

各级人民政府采取措施支持医疗卫生机构与养老机构、儿童福利机构、社区组织建立协作机制，为老年人、孤残儿童提供安全、便捷的医疗和健康服务。

第三十七条 县级以上人民政府应当制定并落实医疗卫生服务体系规划，科学配置医疗卫生资源，举办医疗卫生机构，为公民获得基本医疗卫生服务提供保障。

政府举办医疗卫生机构，应当考虑本行政区域人口、经济社会发展状况、医疗卫生资源、健康危险因素、发病率、患病率以及紧急救治需求等情况。

第三十八条 举办医疗机构，应当具备下列条件，按照国家有关规定办理审批或者备案手续：

（一）有符合规定的名称、组织机构和场所；

（二）有与其开展的业务相适应的经费、设施、设备和医疗卫生人员；

（三）有相应的规章制度；

（四）能够独立承担民事责任；

（五）法律、行政法规规定的其他条件。

医疗机构依法取得执业许可证。禁止伪造、变造、买卖、出租、出借医疗机构执业许可证。

各级各类医疗卫生机构的具体条件和配置应当符合国务院卫生健康主管部门制定的医疗卫生机构标准。

第三十九条 国家对医疗卫生机构实行分类管理。

医疗卫生服务体系坚持以非营利性医疗卫生机构为主体、营利性医疗卫生机构为补充。政府举办非营利性医疗卫生机构，在基本医疗卫生事业中发挥主导作用，保障基本医疗卫生服务公平可及。

以政府资金、捐赠资产举办或者参与举办的医疗卫生机构不得设立为营利性医疗卫生机构。

医疗卫生机构不得对外出租、承包医疗科室。非营利性医疗卫生机构不得向出资人、举办者分配或者变相分配收益。

第四十条 政府举办的医疗卫生机构应当坚持公益性质，所有收支均纳入预算管理，按照医疗卫生服务体系规划合理设置并控制规模。

国家鼓励政府举办的医疗卫生机构与社会力量合作举办非营利性医疗卫生机构。

政府举办的医疗卫生机构不得与其他组织投资设立非独立法人资格的医疗卫生机构，不得与社会资本合作举办营利性医疗卫生机构。

第四十一条 国家采取多种措施，鼓励和引导社会力量依法举办医疗卫生机构，支持和规范社会力量举办的医疗卫生机构与政府举办的医疗卫生机构开展多种类型的医疗业务、学科建设、人才培养等合作。

社会力量举办的医疗卫生机构在基本医疗保险定点、重点专科建设、科研教学、等级评审、特定医疗技术准入、医疗卫生人员职称评定等方面享有与政府举办的医疗卫生机构同等的权利。

社会力量可以选择设立非营利性或者营利性医疗卫生机构。社会力量举办的非营利性医疗卫生机构按照规定享受与政府举办的医疗卫生机构同等的税收、财政补助、用地、用水、用电、用气、用热等政策，并依法接受监督管理。

第四十二条 国家以建成的医疗卫生机构为基础，合理规划与设置国家医学中心和国家、省级区域性医疗中心，诊治疑难重症，研究攻克重大医学难题，培养高层次医疗卫生人才。

第四十三条 医疗卫生机构应当遵守法律、法规、规章，建立健全内部质量管理和控制制度，对医疗卫生服务质量负责。

医疗卫生机构应当按照临床诊疗指南、临床技术操作规范和行业标准以及医学伦理规范等有关要求，合理进行检查、用药、诊疗，加强医疗卫生安全风险防范，优化服务流程，持续改进医疗卫生服务质量。

第四十四条 国家对医疗卫生技术的临床应用进行分类管理，对技术难度大、医疗风险高，服务能力、人员专业技术水平要求较高的医疗卫生技术实行严格管理。

医疗卫生机构开展医疗卫生技术临床应用，应当与其功能任务相适应，遵循科学、安全、规范、有效、经济的原则，并符合伦理。

第四十五条 国家建立权责清晰、管理科学、治理完善、运行高效、监督有力的现代医院管理制度。

医院应当制定章程，建立和完善法人治理结构，提高医疗卫生服务能力和运行效率。

第四十六条 医疗卫生机构执业场所是提供医疗卫生服务的公共场所，任何组织或者个人不得扰乱其秩序。

第四十七条 国家完善医疗风险分担机制，鼓励医疗机构参加医疗责任保险或者建立医疗风险基金，鼓励患者参加医疗意外保险。

第四十八条 国家鼓励医疗卫生机构不断改进预防、保健、诊断、治疗、护理和康复的技术、设备与服务，支持开发适合基层和边远地区应用的医疗卫生技术。

第四十九条 国家推进全民健康信息化，推动健康医疗大数据、人工智能等的应用发展，加快医疗卫生信息基础设施建设，制定健康医疗数据采集、存储、分析和应用的技术标准，运用信息技术促进优质医疗卫生资源的普及与共享。

县级以上人民政府及其有关部门应当采取措施，推进信息技术在医疗卫生领域和医学教育中的应用，支持探索发展医疗卫生服务新模式、新业态。

国家采取措施，推进医疗卫生机构建立健全医疗卫生信息交流和信息安全制度，应用信息技术开展远程医疗服务，构建线上线下一体化医疗服务模式。

第五十条 发生自然灾害、事故灾难、公共卫生事件和社会安全事件等严重威胁人民群众生命健康的突发事件时，医疗卫生机构、医疗卫生人员应当服从政府部门的调遣，参与卫生应急处置和医疗救治。对致病、致残、死亡的参与人员，按照规定给予工伤或者抚恤、烈士褒扬等相关待遇。

第四章 医疗卫生人员

第五十一条 医疗卫生人员应当弘扬敬佑生命、救死扶伤、甘于奉献、大爱无疆的崇高职业精神，遵守行业规范，恪守医德，努力提高专业水平和服务质量。

医疗卫生行业组织、医疗卫生机构、医学院校应当加强对医疗卫生人员的医德医风教育。

第五十二条 国家制定医疗卫生人员培养规划，建立适应行业特点和社会需求的医疗卫生人员培养机制和供需平衡机制，完善医学院校教育、毕业后教育和继续教育体系，建立健全住院医师、专科医师规范化培训制度，建立规模适宜、结构合理、分布均衡的医疗卫生队伍。

国家加强全科医生的培养和使用。全科医生主要提供常见病、多发病的诊疗和转诊、预防、保健、康复，以及慢性病管理、健康管理等服务。

第五十三条 国家对医师、护士等医疗卫生人员依法实行执业注册制度。医疗卫生人员应当依法取得相应的职业资格。

第五十四条 医疗卫生人员应当遵循医学科学规律，遵守有关临床诊疗技术规范和各项操作规范以及医学伦理规范，使用适宜技术和药物，合理诊疗，因病施治，不得对患者实施过度医疗。

医疗卫生人员不得利用职务之便索要、非法收受财物或者牟取其他不正当利益。

第五十五条 国家建立健全符合医疗卫生行业特点的人事、薪酬、奖励制度，体现医疗卫生人员职业特点和技术劳动价值。

对从事传染病防治、放射医学和精神卫生工作以及其他在特殊岗位工作的医疗卫生人员，应当按照国家规定给予适当的津贴。津贴标准应当定期调整。

第五十六条 国家建立医疗卫生人员定期到基层和艰苦边远地区从事医疗卫生工作制度。

国家采取定向免费培养、对口支援、退休返聘等措施，加强基层和艰苦边远地区医疗卫生队伍建设。

执业医师晋升为副高级技术职称的，应当有累计一年以上在县级以下或者对口支援的医疗卫生机构提供医疗卫生服务的经历。

对在基层和艰苦边远地区工作的医疗卫生人员，在薪酬津贴、职称评定、职业发展、教育培训和表彰奖励等方面实行优惠待遇。

国家加强乡村医疗卫生队伍建设，建立县乡村上下贯通的职业发展机制，完善对乡村医疗卫生人员的服务收入多渠道补助机制和养老政策。

第五十七条 全社会应当关心、尊重医疗卫生人员，维护良好安全的医疗卫生服务秩序，共同构建和谐医患关系。

医疗卫生人员的人身安全、人格尊严不受侵犯，其合法权益受法律保护。禁止任何组织或者个人威胁、危害医疗卫生人员人身安全，侵犯医疗卫生人员人格尊严。

国家采取措施，保障医疗卫生人员执业环境。

第五章　药品供应保障

第五十八条 国家完善药品供应保障制度，建立工作协调机制，保障药品的安全、有效、可及。

第五十九条 国家实施基本药物制度，遴选适当数量的基本药物品种，满足疾病防治基本用药需求。

国家公布基本药物目录，根据药品临床应用实践、药品标准变化、药品新上市情况等，对基本药物目录进行动态调整。

基本药物按照规定优先纳入基本医疗保险药品目录。

国家提高基本药物的供给能力，强化基本药物质量监管，确保基本药物公平可及、合理使用。

第六十条 国家建立健全以临床需求为导向的药品审评审批制度，支持临床急需药品、儿童用药品和防治罕见病、重大疾病等药品的研制、生产，满足疾病防治需求。

第六十一条 国家建立健全药品研制、生产、流通、使用全过程追溯制度，加强药品管理，保证药品质量。

第六十二条 国家建立健全药品价格监测体系，开展成本价格调查，加强药品价格监督检查，依法查处价格垄断、价格欺诈、不正当竞争等违法行为，维护药品价格秩序。

国家加强药品分类采购管理和指导。参加药品采购投标的投标人不得以低于成本的报价竞标，不得以欺诈、串通投标、滥用市场支配地位等方式竞标。

第六十三条 国家建立中央与地方两级医药储备，用于保障重大灾情、疫情及其他突发事件等应急需要。

第六十四条 国家建立健全药品供求监测体系，及时收集和汇总分析药品供求信息，定期公布药品生产、流通、使用等情况。

第六十五条 国家加强对医疗器械的管理，完善医疗器械的标准和规范，提高医疗器械的安全有效水平。

国务院卫生健康主管部门和省、自治区、直辖市人民政府卫生健康主管部门应当根据技术的先进性、适宜性和可及性，编制大型医用设备配置规划，促进区域内医用设备合理配置、充分共享。

第六十六条 国家加强中药的保护与发展，充分体现中药的特色和优势，发挥其在预防、保健、医疗、康复中的作用。

第六章 健康促进

第六十七条 各级人民政府应当加强健康教育工作及其专业人才培养，建立健康知识和技能核心信息发布制度，普及健康科学知识，向公众提供科学、准确的健康信息。

医疗卫生、教育、体育、宣传等机构、基层群众性自治组织和社会组织应当开展健康知识的宣传和普及。医疗卫生人员在提供医疗卫生服务时，应当对患者开展健康教育。新闻媒体应当开展健康知识的公益宣传。健康知识的宣传应当科学、准确。

第六十八条 国家将健康教育纳入国民教育体系。学校应当利用多种形式实施健康教育，普及健康知识、科学健身知识、急救知识和技能，提高学生主动防病的意识，培养学生良好的卫生习惯和健康的行为习惯，减少、改善学生近视、肥胖等不良健康状况。

学校应当按照规定开设体育与健康课程，组织学生开展广播体操、眼保健操、体能锻炼等活动。

学校按照规定配备校医，建立和完善卫生室、保健室等。

县级以上人民政府教育主管部门应当按照规定将学生体质健康水平纳入学校考核体系。

第六十九条 公民是自己健康的第一责任人，树立和践行对自己健康负责的健康管理理念，主动学习健康知识，提高健康素养，加强健康管理。倡导家庭成员相互关爱，形成符合自身和家庭特点的健康生活方式。

公民应当尊重他人的健康权利和利益，不得损害他人健康和社会公共利益。

第七十条 国家组织居民健康状况调查和统计，开展体质监测，对健康绩效进行评估，并根据评估结果制定、完善与健康相关的法律、法规、政策和规划。

第七十一条 国家建立疾病和健康危险因素监测、调查和风险评估制度。县级以上人民政府及其有关部门针对影响健康的主要问题，组织开展健康危险因素研究，制定综合防治措施。

国家加强影响健康的环境问题预防和治理，组织开展环境质量对健康影响的研究，采取措施预防和控制与环境问题有关的疾病。

第七十二条 国家大力开展爱国卫生运动，鼓励和支持开展爱国卫生月等群众性卫生与健康活动，依靠和动员群众控制和消除健康危险因素，改善环境卫生状况，建设健康城市、健康村镇、健康社区。

第七十三条 国家建立科学、严格的食品、饮用水安全监督管理制度，提高安全水平。

第七十四条 国家建立营养状况监测制度，实施经济欠发达地区、重点人群营养干预计划，开展未成年人和老年人营养改善行动，倡导健康饮食习惯，减少不健康饮食引起的疾病风险。

第七十五条 国家发展全民健身事业，完善覆盖城乡的全民健身公共服务体系，加强公共体育设施建设，组织开展和支持全民健身活动，加强全民健身指导服务，普及科学健身知识和方法。

国家鼓励单位的体育场地设施向公众开放。

第七十六条 国家制定并实施未成年人、妇女、老年人、残疾人等的健康工作计划，加强重点人群健康服务。

国家推动长期护理保障工作，鼓励发展长期护理保险。

第七十七条 国家完善公共场所卫生管理制度。县级以上人民政府卫生健康等主管部门应当加强对公共场所的卫生监督。公共场所卫生监督信息应当依法向社会公开。

公共场所经营单位应当建立健全并严格实施卫生管理制度，保证其经营活动持续符合国家对公共场所的卫生要求。

第七十八条 国家采取措施，减少吸烟对公民健康的危害。

公共场所控制吸烟，强化监督执法。

烟草制品包装应当印制带有说明吸烟危害的警示。

禁止向未成年人出售烟酒。

第七十九条 用人单位应当为职工创造有益于健康的环境和条件，严格执行劳动安全卫生等相关规定，积极组织职工开展健身活动，保护职工健康。

国家鼓励用人单位开展职工健康指导工作。

国家提倡用人单位为职工定期开展健康检查。法律、法规对健康检查有规定的，依照其规定。

第七章　资金保障

第八十条 各级人民政府应当切实履行发展医疗卫生与健康事业的职责，建立与经济社会发展、财政状况和健康指标相适应的医疗卫生与健康事业投入机制，将医疗卫生与健康促进经费纳入本级政府预算，按照规定主要用于保障基本医疗服务、公共卫生服务、基本医疗保障和政府举办的医疗卫生机构建设和运行发展。

第八十一条 县级以上人民政府通过预算、审计、监督执法、社会监督等方式，加强资金的监督管理。

第八十二条 基本医疗服务费用主要由基本医疗保险基金和个人支付。国家依法多渠道筹集基本医疗保险基金，逐步完善基本医疗保险可持续筹资和保障水平调整机制。

公民有依法参加基本医疗保险的权利和义务。用人单位和职工按照国家规定缴纳职工基本医疗保险费。城乡居民按照规定缴纳城乡居民基本医疗保险费。

第八十三条 国家建立以基本医疗保险为主体，商业健康保险、医疗救助、职工互助医疗和医疗慈善服务等为补充的、多层次的医疗保障体系。

国家鼓励发展商业健康保险，满足人民群众多样化健康保障需求。

国家完善医疗救助制度，保障符合条件的困难群众获得基本医疗服务。

第八十四条 国家建立健全基本医疗保险经办机构与协议定点医疗卫生机构之间的协商谈判机制，科学合理确定基本医疗保险基金支付标准和支付方式，引导医疗卫生机构合理诊疗，促进患者有序流动，提高基本医疗保险基金使用效益。

第八十五条 基本医疗保险基金支付范围由国务院医疗保障主管部门组织制定，并应当听取国务院卫生健康主管部门、中医药主管部门、药品监督管理部门、财政部门等的意见。

省、自治区、直辖市人民政府可以按照国家有关规定，补充确定本行政区域基本医疗保险基金支付的具体项目和标准，并报国务院医疗保障主管部门备案。

国务院医疗保障主管部门应当对纳入支付范围的基本医疗保险药品目录、诊疗项目、医疗服务设施标准等组织开展循证医学和经济性评价，并应当听取国务院卫生健康主管部门、中医药主管部门、药品监督管理部门、财政部门等有关方面的意见。评价结果应当作为调整基本医疗保险基金支付范围的依据。

第八章 监督管理

第八十六条 国家建立健全机构自治、行业自律、政府监管、社会监督相结合的医疗卫生综合监督管理体系。

县级以上人民政府卫生健康主管部门对医疗卫生行业实行属地化、全行业监督管理。

第八十七条 县级以上人民政府医疗保障主管部门应当提高医疗保障监管能力和水平，对纳入基本医疗保险基金支付范围的医疗服务行为和医疗费用加强监督管理，确保基本医疗保险基金合理使用、安全可控。

第八十八条 县级以上人民政府应当组织卫生健康、医疗保障、药品监督管理、发展改革、财政等部门建立沟通协商机制，加强制度衔接和工作配合，提高医疗卫生资源使用效率和保障水平。

第八十九条 县级以上人民政府应当定期向本级人民代表大会或者其常务委员会报告基本医疗卫生与健康促进工作，依法接受监督。

第九十条 县级以上人民政府有关部门未履行医疗卫生与健康促进工作相关职责的，本级人民政府或者上级人民政府有关部门应当对其主要负责人进行约谈。

地方人民政府未履行医疗卫生与健康促进工作相关职责的，上级人民政府应当对其主要负责人进行约谈。

被约谈的部门和地方人民政府应当立即采取措施，进行整改。

约谈情况和整改情况应当纳入有关部门和地方人民政府工作评议、考核记录。

第九十一条 县级以上地方人民政府卫生健康主管部门应当建立医疗卫生机构绩效评估制度，组织对医疗卫生机构的服务质量、医疗技术、药品和医用设备使用等情况进行评估。评估应当吸收行业组织和公众参与。评估结果应当以适当方式向社会公开，作为评价医疗卫生机构和卫生监管的重要依据。

第九十二条　国家保护公民个人健康信息，确保公民个人健康信息安全。任何组织或者个人不得非法收集、使用、加工、传输公民个人健康信息，不得非法买卖、提供或者公开公民个人健康信息。

第九十三条　县级以上人民政府卫生健康主管部门、医疗保障主管部门应当建立医疗卫生机构、人员等信用记录制度，纳入全国信用信息共享平台，按照国家规定实施联合惩戒。

第九十四条　县级以上地方人民政府卫生健康主管部门及其委托的卫生健康监督机构，依法开展本行政区域医疗卫生等行政执法工作。

第九十五条　县级以上人民政府卫生健康主管部门应当积极培育医疗卫生行业组织，发挥其在医疗卫生与健康促进工作中的作用，支持其参与行业管理规范、技术标准制定和医疗卫生评价、评估、评审等工作。

第九十六条　国家建立医疗纠纷预防和处理机制，妥善处理医疗纠纷，维护医疗秩序。

第九十七条　国家鼓励公民、法人和其他组织对医疗卫生与健康促进工作进行社会监督。

任何组织和个人对违反本法规定的行为，有权向县级以上人民政府卫生健康主管部门和其他有关部门投诉、举报。

第九章　法律责任

第九十八条　违反本法规定，地方各级人民政府、县级以上人民政府卫生健康主管部门和其他有关部门，滥用职权、玩忽职守、徇私舞弊的，对直接负责的主管人员和其他直接责任人员依法给予处分。

第九十九条　违反本法规定，未取得医疗机构执业许可证擅自执业的，由县级以上人民政府卫生健康主管部门责令停止执业活动，没收违法所得和药品、医疗器械，并处违法所得五倍以上二十倍以下的罚款，违法所得不足一万元的，按一万元计算。

违反本法规定，伪造、变造、买卖、出租、出借医疗机构执业许可证的，由县级以上人民政府卫生健康主管部门责令改正，没收违法所得，并处违法所得五倍以上十五倍以下的罚款，违法所得不足一万元的，按一万元计算；情节严重的，吊销医疗机构执业许可证。

第一百条 违反本法规定，有下列行为之一的，由县级以上人民政府卫生健康主管部门责令改正，没收违法所得，并处违法所得二倍以上十倍以下的罚款，违法所得不足一万元的，按一万元计算；对直接负责的主管人员和其他直接责任人员依法给予处分：

（一）政府举办的医疗卫生机构与其他组织投资设立非独立法人资格的医疗卫生机构；

（二）医疗卫生机构对外出租、承包医疗科室；

（三）非营利性医疗卫生机构向出资人、举办者分配或者变相分配收益。

第一百零一条 违反本法规定，医疗卫生机构等的医疗信息安全制度、保障措施不健全，导致医疗信息泄露，或者医疗质量管理和医疗技术管理制度、安全措施不健全的，由县级以上人民政府卫生健康等主管部门责令改正，给予警告，并处一万元以上五万元以下的罚款；情节严重的，可以责令停止相应执业活动，对直接负责的主管人员和其他直接责任人员依法追究法律责任。

第一百零二条 违反本法规定，医疗卫生人员有下列行为之一的，由县级以上人民政府卫生健康主管部门依照有关执业医师、护士管理和医疗纠纷预防处理等法律、行政法规的规定给予行政处罚：

（一）利用职务之便索要、非法收受财物或者牟取其他不正当利益；

（二）泄露公民个人健康信息；

（三）在开展医学研究或提供医疗卫生服务过程中未按照规定履行告知义务或者违反医学伦理规范。

前款规定的人员属于政府举办的医疗卫生机构中的人员的，依法给予处分。

第一百零三条 违反本法规定，参加药品采购投标的投标人以低于成本的报价竞标，或者以欺诈、串通投标、滥用市场支配地位等方式竞标的，由县级以上人民政府医疗保障主管部门责令改正，没收违法所得；中标的，中标无效，处中标项目金额千分之五以上千分之十以下的罚款，对法定代表人、主要负责人、直接负责的主管人员和其他责任人员处对单位罚款数额百分之五以上百分之十以下的罚款；情节严重的，取消其二年至五年内参加药品采购投标的资格并予以公告。

第一百零四条 违反本法规定，以欺诈、伪造证明材料或者其他手段骗取基本医疗保险待遇，或者基本医疗保险经办机构以及医疗机构、药品经营单位等以欺诈、伪造证明材料或者其他手段骗取基本医疗保险基金支出的，由县级以上人民政府医疗保障主管部门依照有关社会保险的法律、行政法规规定给予行政处罚。

第一百零五条 违反本法规定，扰乱医疗卫生机构执业场所秩序，威胁、危害医疗卫生人员人身安全，侵犯医疗卫生人员人格尊严，非法收集、使用、加工、传输公民个人健康信息，非法买卖、提供或者公开公民个人健康信息等，构成违反治安管理行为的，依法给予治安管理处罚。

第一百零六条 违反本法规定，构成犯罪的，依法追究刑事责任；造成人身、财产损害的，依法承担民事责任。

第十章　附　　则

第一百零七条 本法中下列用语的含义：

（一）主要健康指标，是指人均预期寿命、孕产妇死亡率、婴儿死亡率、五岁以下儿童死亡率等。

（二）医疗卫生机构，是指基层医疗卫生机构、医院和专业公共卫生机构等。

（三）基层医疗卫生机构，是指乡镇卫生院、社区卫生服务中心（站）、村卫生室、医务室、门诊部和诊所等。

（四）专业公共卫生机构，是指疾病预防控制中心、专科疾病防治机构、健康教育机构、急救中心（站）和血站等。

（五）医疗卫生人员，是指执业医师、执业助理医师、注册护士、药师（士）、检验技师（士）、影像技师（士）和乡村医生等卫生专业人员。

（六）基本药物，是指满足疾病防治基本用药需求，适应现阶段基本国情和保障能力，剂型适宜，价格合理，能够保障供应，可公平获得的药品。

第一百零八条 省、自治区、直辖市和设区的市、自治州可以结合实际，制定本地方发展医疗卫生与健康事业的具体办法。

第一百零九条 中国人民解放军和中国人民武装警察部队的医疗卫生与健康促进工作，由国务院和中央军事委员会依照本法制定管理办法。

第一百一十条 本法自2020年6月1日起施行。

反兴奋剂条例

（2004年1月13日中华人民共和国国务院令第398号公布　根据2011年1月8日《国务院关于废止和修改部分行政法规的决定》第一次修订　根据2014年7月29日《国务院关于修改部分行政法规的决定》第二次修订　根据2018年9月18日《国务院关于修改部分行政法规的决定》第三次修订）

第一章　总　　则

第一条 为了防止在体育运动中使用兴奋剂，保护体育运动参加者的身心健康，维护体育竞赛的公平竞争，根据《中华人民共和国体育法》和其他有关法律，制定本条例。

第二条 本条例所称兴奋剂，是指兴奋剂目录所列的禁用物质等。兴奋剂目录由国务院体育主管部门会同国务院药品监督管理部门、国务院卫生主管部门、国务院商务主管部门和海关总署制定、调整并公布。

第三条 国家提倡健康、文明的体育运动，加强反兴奋剂的宣传、教育和监督管理，坚持严格禁止、严格检查、严肃处理的反兴奋剂工作方针，禁止使用兴奋剂。

任何单位和个人不得向体育运动参加者提供或者变相提供兴奋剂。

第四条 国务院体育主管部门负责并组织全国的反兴奋剂工作。

县级以上人民政府负责药品监督管理的部门和卫生、教育等有关部门，在各自职责范围内依照本条例和有关法律、行政法规的规定负责反兴奋剂工作。

第五条 县级以上人民政府体育主管部门，应当加强反兴奋剂宣传、教育工作，提高体育运动参加者和公众的反兴奋剂意识。

广播电台、电视台、报刊媒体以及互联网信息服务提供者应当开展反兴奋剂的宣传。

第六条 任何单位和个人发现违反本条例规定行为的，有权向体育主管部门和其他有关部门举报。

第二章　兴奋剂管理

第七条 国家对兴奋剂目录所列禁用物质实行严格管理，任何单位和个人不得非法生产、销售、进出口。

第八条 生产兴奋剂目录所列蛋白同化制剂、肽类激素（以下简称蛋白同化制剂、肽类激素），应当依照《中华人民共和国药品管理法》（以下简称药品管理法）的规定取得《药品生产许可证》、药品批准文号。

生产企业应当记录蛋白同化制剂、肽类激素的生产、销售和库存情况，并保存记录至超过蛋白同化制剂、肽类激素有效期2年。

第九条 依照药品管理法的规定取得《药品经营许可证》的药品批发企业，具备下列条件，并经省、自治区、直辖市人民政府药品监督管理部门批准，方可经营蛋白同化制剂、肽类激素：

（一）有专门的管理人员；

（二）有专储仓库或者专储药柜；

（三）有专门的验收、检查、保管、销售和出入库登记制度；

（四）法律、行政法规规定的其他条件。

蛋白同化制剂、肽类激素的验收、检查、保管、销售和出入库登记记录应当保存至超过蛋白同化制剂、肽类激素有效期2年。

第十条 除胰岛素外，药品零售企业不得经营蛋白同化制剂或者其他肽类激素。

第十一条 进口蛋白同化制剂、肽类激素，除依照药品管理法及其实施条例的规定取得国务院药品监督管理部门发给的进口药品注册证书外，还应当取得省、自治区、直辖市人民政府药品监督管理部门颁发的进口准许证。

申请进口蛋白同化制剂、肽类激素，应当说明其用途。省、自治区、直辖市人民政府药品监督管理部门应当自收到申请之日起15个工作日内作出决定；对用途合法的，应当予以批准，发给进口准许证。海关凭进口准许证放行。

第十二条 申请出口蛋白同化制剂、肽类激素，应当说明供应对象并提交进口国政府主管部门的相关证明文件等资料。省、自治区、直辖市人民政府药品监督管理部门应当自收到申请之日起15个工作日内作出决定；提交进口国政府主管部门的相关证明文件等资料的，应当予以批准，发给出口准许证。海关凭出口准许证放行。

第十三条 境内企业接受境外企业委托生产蛋白同化制剂、肽类激素，应当签订书面委托生产合同，并将委托生产合同报省、自治区、直辖市人民政府药品监督管理部门备案。委托生产合同应当载明委托企业的国籍、委托生产的蛋白同化制剂或者肽类激素的品种、数量、生产日期等内容。

境内企业接受境外企业委托生产的蛋白同化制剂、肽类激素不得在境内销售。

第十四条 蛋白同化制剂、肽类激素的生产企业只能向医疗机构、符合本条例第九条规定的药品批发企业和其他同类生产企业供应蛋白同化制剂、肽类激素。

蛋白同化制剂、肽类激素的批发企业只能向医疗机构、蛋白同化制剂、肽类激素的生产企业和其他同类批发企业供应蛋白同化制剂、肽类激素。

蛋白同化制剂、肽类激素的进口单位只能向蛋白同化制剂、肽类激素的生产企业、医疗机构和符合本条例第九条规定的药品批发企业供应蛋白同化制剂、肽类激素。

肽类激素中的胰岛素除依照本条第一款、第二款、第三款的规定供应外，还可以向药品零售企业供应。

第十五条 医疗机构只能凭依法享有处方权的执业医师开具的处方向患者提供蛋白同化制剂、肽类激素。处方应当保存2年。

第十六条 兴奋剂目录所列禁用物质属于麻醉药品、精神药品、医疗用毒性药品和易制毒化学品的，其生产、销售、进口、运输和使用，依照药品管理法和有关行政法规的规定实行特殊管理。

蛋白同化制剂、肽类激素和前款规定以外的兴奋剂目录所列其他禁用物质，实行处方药管理。

第十七条 药品、食品中含有兴奋剂目录所列禁用物质的，生产企业应当在包装标识或者产品说明书上用中文注明“运动员慎用”字样。

第三章　反兴奋剂义务

第十八条 实施运动员注册管理的体育社会团体（以下简称体育社会团体）应当加强对在本体育社会团体注册的运动员和教练、领队、队医等运动员辅助人员的监督管理和反兴奋剂的教育、培训。

运动员管理单位应当加强对其所属的运动员和运动员辅助人员

的监督管理和反兴奋剂的教育、培训。

第十九条 体育社会团体、运动员管理单位和其他单位，不得向运动员提供兴奋剂，不得组织、强迫、欺骗运动员在体育运动中使用兴奋剂。

科研单位不得为使用兴奋剂或者逃避兴奋剂检查提供技术支持。

第二十条 运动员管理单位应当为其所属运动员约定医疗机构，指导运动员因医疗目的合理使用药物；应当记录并按照兴奋剂检查规则的规定向相关体育社会团体提供其所属运动员的医疗信息和药物使用情况。

第二十一条 体育社会团体、运动员管理单位，应当按照兴奋剂检查规则的规定提供运动员名单和每名运动员的教练、所从事的运动项目以及运动成绩等相关信息，并为兴奋剂检查提供便利。

第二十二条 全国性体育社会团体应当对在本体育社会团体注册的成员的下列行为规定处理措施和处理程序：

（一）运动员使用兴奋剂的；

（二）运动员辅助人员、运动员管理单位向运动员提供兴奋剂的；

（三）运动员、运动员辅助人员、运动员管理单位拒绝、阻挠兴奋剂检查的。

前款所指的处理程序还应当规定当事人的抗辩权和申诉权。全国性体育社会团体应当将处理措施和处理程序报国务院体育主管部门备案。

第二十三条 运动员辅助人员应当教育、提示运动员不得使用兴奋剂，并向运动员提供有关反兴奋剂规则的咨询。

运动员辅助人员不得向运动员提供兴奋剂，不得组织、强迫、欺骗、教唆、协助运动员在体育运动中使用兴奋剂，不得阻挠兴奋剂检查，不得实施影响采样结果的行为。

运动员发现运动员辅助人员违反前款规定的，有权检举、控告。

第二十四条 运动员不得在体育运动中使用兴奋剂。

第二十五条 在体育社会团体注册的运动员、运动员辅助人员凭依法享有处方权的执业医师开具的处方，方可持有含有兴奋剂目录所列禁用物质的药品。

在体育社会团体注册的运动员接受医疗诊断时，应当按照兴奋剂检查规则的规定向医师说明其运动员身份。医师对其使用药品时，应当首先选择不含兴奋剂目录所列禁用物质的药品；确需使用含有这类禁用物质的药品的，应当告知其药品性质和使用后果。

第二十六条 在全国性体育社会团体注册的运动员，因医疗目的确需使用含有兴奋剂目录所列禁用物质的药品的，应当按照兴奋剂检查规则的规定申请核准后方可使用。

第二十七条 运动员应当接受兴奋剂检查，不得实施影响采样结果的行为。

第二十八条 在全国性体育社会团体注册的运动员离开运动员驻地的，应当按照兴奋剂检查规则的规定报告。

第二十九条 实施中等及中等以上教育的学校和其他教育机构应当加强反兴奋剂教育，提高学生的反兴奋剂意识，并采取措施防止在学校体育活动中使用兴奋剂；发现学生使用兴奋剂，应当予以制止。

体育专业教育应当包括反兴奋剂的教学内容。

第三十条 体育健身活动经营单位及其专业指导人员，不得向体育健身活动参加者提供含有禁用物质的药品、食品。

第四章 兴奋剂检查与检测

第三十一条 国务院体育主管部门应当制定兴奋剂检查规则和兴奋剂检查计划并组织实施。

第三十二条 国务院体育主管部门应当根据兴奋剂检查计划，决定对全国性体育竞赛的参赛运动员实施赛内兴奋剂检查；并可以决定对省级体育竞赛的参赛运动员实施赛内兴奋剂检查。

其他体育竞赛需要进行赛内兴奋剂检查的，由竞赛组织者决定。

第三十三条 国务院体育主管部门应当根据兴奋剂检查计划，决定对在全国性体育社会团体注册的运动员实施赛外兴奋剂检查。

第三十四条 兴奋剂检查工作人员（以下简称检查人员）应当按照兴奋剂检查规则实施兴奋剂检查。

第三十五条 实施兴奋剂检查，应当有2名以上检查人员参加。检查人员履行兴奋剂检查职责时，应当出示兴奋剂检查证件；向运动员采集受检样本时，还应当出示按照兴奋剂检查规则签发的一次性兴奋剂检查授权书。

检查人员履行兴奋剂检查职责时，有权进入体育训练场所、体育竞赛场所和运动员驻地。有关单位和人员应当对检查人员履行兴奋剂检查职责予以配合，不得拒绝、阻挠。

第三十六条 受检样本由国务院体育主管部门确定的符合兴奋剂检测条件的检测机构检测。

兴奋剂检测机构及其工作人员，应当按照兴奋剂检查规则规定的范围和标准对受检样本进行检测。

第五章 法律责任

第三十七条 体育主管部门和其他行政机关及其工作人员不履行职责，或者包庇、纵容非法使用、提供兴奋剂，或者有其他违反本条例行为的，对负有责任的主管人员和其他直接责任人员，依法给予行政处分；构成犯罪的，依法追究刑事责任。

第三十八条 违反本条例规定，有下列行为之一的，由县级以上人民政府负责药品监督管理的部门按照国务院药品监督管理部门规定的职责分工，没收非法生产、经营的蛋白同化制剂、肽类激素和违法所得，并处违法生产、经营药品货值金额2倍以上5倍以下的罚款；情节严重的，由发证机关吊销《药品生产许可证》、《药品经营许可证》；构成犯罪的，依法追究刑事责任：

（一）生产企业擅自生产蛋白同化制剂、肽类激素，或者未按照本条例规定渠道供应蛋白同化制剂、肽类激素的；

（二）药品批发企业擅自经营蛋白同化制剂、肽类激素，或者未按照本条例规定渠道供应蛋白同化制剂、肽类激素的；

（三）药品零售企业擅自经营蛋白同化制剂、肽类激素的。

第三十九条 体育社会团体、运动员管理单位向运动员提供兴奋剂或者组织、强迫、欺骗运动员在体育运动中使用兴奋剂的，由国务院体育主管部门或者省、自治区、直辖市人民政府体育主管部门收缴非法持有的兴奋剂；负有责任的主管人员和其他直接责任人员 4 年内不得从事体育管理工作和运动员辅助工作；情节严重的，终身不得从事体育管理工作和运动员辅助工作；造成运动员人身损害的，依法承担民事赔偿责任；构成犯罪的，依法追究刑事责任。

体育社会团体、运动员管理单位未履行本条例规定的其他义务的，由国务院体育主管部门或者省、自治区、直辖市人民政府体育主管部门责令改正；造成严重后果的，负有责任的主管人员和其他直接责任人员 2 年内不得从事体育管理工作和运动员辅助工作。

第四十条 运动员辅助人员组织、强迫、欺骗、教唆运动员在体育运动中使用兴奋剂的，由国务院体育主管部门或者省、自治区、直辖市人民政府体育主管部门收缴非法持有的兴奋剂；4 年内不得从事运动员辅助工作和体育管理工作；情节严重的，终身不得从事运动员辅助工作和体育管理工作；造成运动员人身损害的，依法承担民事赔偿责任；构成犯罪的，依法追究刑事责任。

运动员辅助人员向运动员提供兴奋剂，或者协助运动员在体育运动中使用兴奋剂，或者实施影响采样结果行为的，由国务院体育主管部门或者省、自治区、直辖市人民政府体育主管部门收缴非法持有的兴奋剂；2 年内不得从事运动员辅助工作和体育管理工作；情节严重的，终身不得从事运动员辅助工作和体育管理工作；造成运动员人身损害的，依法承担民事赔偿责任；构成犯罪的，依法追究刑事责任。

第四十一条 运动员辅助人员非法持有兴奋剂的，由国务院体育主管部门或者省、自治区、直辖市人民政府体育主管部门收缴非法持有的兴奋剂；情节严重的，2 年内不得从事运动员辅助工作。

第四十二条 体育社会团体、运动员管理单位违反本条例规定，负有责任的主管人员和其他直接责任人员属于国家工作人员的，还应当依法给予撤职、开除的行政处分。

运动员辅助人员违反本条例规定，属于国家工作人员的，还应当依法给予撤职、开除的行政处分。

第四十三条 按照本条例第三十九条、第四十条、第四十一条规定作出的处理决定应当公开，公众有权查阅。

第四十四条 医师未按照本条例的规定使用药品，或者未履行告知义务的，由县级以上人民政府卫生主管部门给予警告；造成严重后果的，责令暂停 6 个月以上 1 年以下执业活动。

第四十五条 体育健身活动经营单位向体育健身活动参加者提供含有禁用物质的药品、食品的，由负责药品监督管理的部门、食品安全监督管理部门依照药品管理法、《中华人民共和国食品安全法》和有关行政法规的规定予以处罚。

第四十六条 运动员违反本条例规定的，由有关体育社会团体、运动员管理单位、竞赛组织者作出取消参赛资格、取消比赛成绩或者禁赛的处理。

运动员因受到前款规定的处理不服的，可以向体育仲裁机构申请仲裁。

第六章 附 则

第四十七条 本条例自 2004 年 3 月 1 日起施行。

反兴奋剂管理办法

（2021年7月20日　国家体育总局令第27号）

第一章　总　　则

第一条　为了防止在体育运动中使用兴奋剂，保护体育运动参与者的身心健康，维护体育竞赛的公平竞争，维护国家荣誉和形象，弘扬社会主义核心价值观和中华体育精神，规范反兴奋剂工作，根据《中华人民共和国体育法》《反兴奋剂条例》等法律法规，制定本办法。

第二条　本办法所称兴奋剂，是指年度《兴奋剂目录》所列的禁用物质和禁用方法。

本办法所称兴奋剂违规包括以下情形：

（一）检测结果阳性；

（二）使用或企图使用兴奋剂；

（三）逃避、拒绝或未能完成样本采集；

（四）违反行踪信息管理规定；

（五）篡改或企图篡改兴奋剂管制环节；

（六）持有兴奋剂；

（七）从事或企图从事兴奋剂交易；

（八）对运动员施用或企图施用兴奋剂；

（九）共谋或企图共谋兴奋剂违规行为；

（十）违反禁止合作规定；

（十一）阻止举报或报复举报人；

（十二）其他法律法规或者国家体育总局的规范性文件明确将其规定为兴奋剂违规的行为。

第三条　体育运动中的反兴奋剂工作，适用本办法。

第四条 反兴奋剂工作坚持“零容忍”，坚持严令禁止、严格检查、严肃处理的方针，推动构建“拿干净金牌”的反兴奋剂长效治理体系。

反兴奋剂工作遵循以下原则：

（一）预防为主，惩防并举；

（二）公平、公正、公开；

（三）维护运动员和辅助人员合法权益。

第五条 国家体育总局主管全国的反兴奋剂工作。地方各级体育行政部门主管本地区的反兴奋剂工作。

国家反兴奋剂机构、全国性体育社会团体、国家运动项目管理单位、运动员管理单位、全国综合性运动会组织机构在各自职责范围内负责开展反兴奋剂工作。

第六条 鼓励对兴奋剂违规进行举报。

第七条 本办法规定体育主管部门以及其他相关体育单位在反兴奋剂管理中的职责权限等内容。

反兴奋剂工作的技术性、操作性规则由国家体育总局参照《世界反兴奋剂条例》的要求，制定《反兴奋剂规则》。

第二章 反兴奋剂工作职责

第八条 国家体育总局领导、协调和监督全国的反兴奋剂工作，具体职责包括：

（一）制定反兴奋剂管理制度与规章；

（二）制定反兴奋剂发展规划；

（三）开展反兴奋剂宣传教育；

（四）制定兴奋剂检测机构管理制度并实施监管；

（五）协调和推动跨部门合作开展兴奋剂综合治理；

（六）指导、监督省级体育行政部门、国家反兴奋剂机构、全国性体育社会团体、国家运动项目管理单位反兴奋剂工作的实施；

（七）开展政府间反兴奋剂国际交流与合作。

第九条 地方各级体育行政部门领导、协调和监督本地区的反兴奋剂工作。

省级体育行政部门应当设立专项经费，配备专职人员，做好反兴奋剂工作。

第十条 国家反兴奋剂机构的具体职责包括：

（一）制定教育、检查、调查、结果管理、听证和治疗用药豁免等方面的程序和标准；

（二）组织实施兴奋剂检查；

（三）实施对涉嫌兴奋剂违规的调查、听证、结果管理和监督；

（四）开展反兴奋剂科学研究、宣传教育和社会服务；

（五）参与兴奋剂综合治理；

（六）组织开展反兴奋剂国际交流；

（七）指导、协调、监督各省区市和各级各类体育组织开展反兴奋剂工作。

第十一条 全国性体育社会团体按照有关法律法规、本办法和社团章程负责本社团的反兴奋剂工作，具体职责包括：

（一）制定本社团反兴奋剂工作规则和工作计划，明确反兴奋剂工作职责和责任；

（二）加强对国家队反兴奋剂宣传教育和管理，提高管理人员反兴奋剂意识和能力；

（三）监督地方体育社会团体履行反兴奋剂职责；

（四）开展所属运动员及有关人员涉嫌兴奋剂违规的调查，实施兴奋剂违规处理。

第十二条 国家运动项目管理单位按照有关法律法规和本办法负责所管理运动项目的反兴奋剂工作，具体职责包括：

（一）制定所管理运动项目反兴奋剂工作计划，明确反兴奋剂工作职责和责任；

（二）加强对国家队反兴奋剂宣传教育和管理，提高管理人员反兴奋剂意识和能力；

（三）监督地方运动项目管理单位履行反兴奋剂职责；

（四）开展所属运动员及有关人员涉嫌兴奋剂违规的调查。

第十三条 按照“谁组队、谁管理、谁负责”的原则，负责备战任务的国家运动项目管理单位、全国性体育社会团体等单位承担国家队反兴奋剂工作职责，省级及以下体育行政部门承担省级及以下运动队反兴奋剂工作职责，同时配合做好入选国家队运动员的反兴奋剂工作。

第十四条 运动员管理单位包括运动员所属单位和有资格代表运动员进行注册的单位。

运动员管理单位应当组织开展反兴奋剂宣传教育，加强药品、营养品、食品的管理，监督和协助运动员填报行踪等相关信息，对所属运动员及有关人员涉嫌的兴奋剂违规主动进行调查，配合兴奋剂检查与调查。

第十五条 全国综合性运动会组织机构按照有关法律法规、本办法和运动会规程负责运动会反兴奋剂工作，制定与本办法和《反兴奋剂规则》一致的反兴奋剂规定，开展兴奋剂检查、宣传教育等反兴奋剂工作，在其管理权限内对兴奋剂违规作出处理。

第三章 反兴奋剂宣传教育

第十六条 各级体育行政部门、国家反兴奋剂机构、全国性体育社会团体、国家运动项目管理单位、运动员管理单位、全国综合性运动会组织机构应当重视和加强反兴奋剂宣传，积极与媒体合作，通过各种形式开展反兴奋剂宣传工作，全面推进反兴奋剂教育，共同构建反兴奋剂教育预防体系。

第十七条 各级各类学校包括高等体育院校、体育运动学校和业余体校等应当开设反兴奋剂教育课程或讲座。

第十八条 国家体育总局负责建立反兴奋剂教育考试制度，国家反兴奋剂机构负责制定反兴奋剂教育考试细则并组织实施。地方各级体育行政部门、全国性体育社会团体、国家运动项目管理单位、运动员管理单位负责实施反兴奋剂教育考试制度，并将其作为运动员和辅助人员入队入职、注册和参赛的必要条件。

第四章 兴奋剂检查与调查

第十九条 兴奋剂检查包括：

（一）列入国家年度兴奋剂检查计划的检查；

（二）经国家反兴奋剂机构批准或者同意的委托检查；

（三）国家体育总局指定或者授权开展的其他检查。

第二十条 国家反兴奋剂机构负责确定兴奋剂检查程序和标准，管理兴奋剂检查工作人员，组织实施兴奋剂检查，指导和监督委托兴奋剂检查的开展等各项工作。

第二十一条 任何单位和个人不得组织未经国家体育总局、国家反兴奋剂机构或者其授权部门批准的兴奋剂检查。

第二十二条 国家体育总局、地方各级人民政府体育主管部门、国家反兴奋剂机构、全国性体育社会团体、国家运动项目管理单位、运动员管理单位有权依据法律法规和本办法，对涉嫌兴奋剂违规的行为开展调查。

国家反兴奋剂机构应当收集、评估和利用信息与情报，对其中可能存在的兴奋剂违规开展调查。重大、复杂的兴奋剂事件，由国家体育总局组织国家反兴奋剂机构和相关单位开展调查。

第二十三条 兴奋剂检查、调查工作人员履行兴奋剂检查、调查职责时，有权依法进入体育训练场所、体育竞赛场所、运动员和辅助人员驻地等，工作人员应主动出示证件和授权文件。有关单位和人员可对证件和授权文件进行核对，并应配合检查、调查工作，不得拒绝、阻挠。

第二十四条 国家运动项目管理单位、全国性体育社会团体、运动员管理单位应当及时向国家体育总局、国家反兴奋剂机构报送以下相关信息：

（一）国际体育组织对所属运动员实施的兴奋剂检查信息；

（二）国际体育组织查出的兴奋剂违规；

（三）所属国际体育组织反兴奋剂规则和要求；

（四）所属国际体育组织注册检查库名单；

（五）其他需要报送的相关信息。

第五章　兴奋剂检测

第二十五条　国家体育总局确定符合兴奋剂检测国际标准条件和资质的兴奋剂检测实验室，所有受检样本应当送到具备兴奋剂检测资质的实验室进行检测。

不具备兴奋剂检测资质的单位和个人不得实施任何形式的兴奋剂检测。

第二十六条　国家反兴奋剂机构应当制定受检样本的保存标准，国家反兴奋剂机构有权对受检样本进一步检测。

第六章　结果管理

第二十七条　结果管理是指具有结果管理权的主体对涉嫌兴奋剂违规者实施的审查、通知、临时停赛、听证等一系列管理行为。

第二十八条　本办法第十九条第一项所列的兴奋剂检查，由国家反兴奋剂机构负责结果管理；第二项所列的兴奋剂检查（不含国际比赛），由国家反兴奋剂机构根据委托进行结果管理；第三项所列的兴奋剂检查，由国家体育总局决定结果管理的主体，并制定结果管理的规则。

第二十九条　发生兴奋剂违规，由全国性体育社会团体等有关单位依据《反兴奋剂规则》及其章程对运动员和辅助人员作出取消比赛成绩和参赛资格、停赛、禁赛等处理，对相关运动员管理单位作出警告、停赛、取消参赛资格等处理。委托检查中发生的兴奋剂违规，由兴奋剂检查委托方和相关单位作出处理决定。

运动员发生兴奋剂违规，还应当处理直接责任人和主管教练员等相关人员。

第三十条 兴奋剂违规处理决定，经国家反兴奋剂机构审查通过后执行。

国家反兴奋剂机构定期汇总兴奋剂违规情况和禁止合作名单，及时对外发布。

兴奋剂违规处理决定由全国性体育社会团体、兴奋剂检查委托方等有关单位抄送有关地方人民政府体育主管部门。

第七章 惩处与奖励

第三十一条 发生兴奋剂违规，上级体育主管部门和运动员管理单位要对造成兴奋剂违规的根源、管理环节和相关人员责任进行调查认定，并根据调查结果依纪依规追究运动员管理单位领导人员和负有责任的主管人员的责任。涉嫌犯罪的，移交监察机关或者司法机关，依法追究刑事责任。

第三十二条 各级体育主管部门按照管理权限对兴奋剂违规问题实施责任追究。

相关体育主管部门应当自收到兴奋剂违规处理决定之日起一个月内对相关人员和单位进行追责，追责处理决定作出之日起 15 日内报国家体育总局备案。情况复杂的，经国家体育总局批准，可以适当延长。

第三十三条 发生兴奋剂违规且被禁赛的运动员和辅助人员，禁赛期内相关管理单位应禁止其从事运动员辅助工作和运动队管理工作，禁止使用政府所属或者资助的体育场馆设施进行训练，取消与体育相关的政府津贴、补助或者其他经济资助，取消体育系统各类奖励、奖项、荣誉称号、职称、科研项目的申报和评比资格。

发生兴奋剂违规且被禁赛的运动员和辅助人员，禁赛期满后 4 年内，相关管理单位应取消其参加体育系统各类评优评先、荣誉称号、职称、科研项目的申报和评比资格。

代表国家队参加奥运会、亚运会等重大国际赛事期间发生兴奋剂违规的运动员和辅助人员，组织、强迫、欺骗、教唆运动员使用兴奋剂或对运动员施用兴奋剂的辅助人员，以及发生其他严重兴奋剂违规的人员，终身取消参加体育系统各类评优评先、荣誉称号、职称、科研项目的申报和评比资格，严禁参与国家队和省区市运动队运动员训练指导、体育教学、青少年体育等工作。涉嫌犯罪的，移交监察机关或者司法机关，依法追究刑事责任。

因兴奋剂违规被禁赛 1 年以上（不含 1 年）的运动员和辅助人员，不得以任何身份入选国家队。禁赛期在 1 年及 1 年以下的，进入国家队需严格审核。

第三十四条 有以下情形之一的，可以酌情减轻处分：

（一）在无证据的情况下主动承认兴奋剂违规的；

（二）揭发、举报他人兴奋剂违规或者提供他人兴奋剂违规的重要线索，经查证属实的。

第三十五条 发生 1 例运动员兴奋剂违规且被禁赛的，该管理单位该项目（不分男女，下同）停赛不少于 1 年；同一管理单位同一项目运动员在全国综合性运动会周期内发生 2 例兴奋剂违规且被禁赛的，取消该单位该项目本届全国综合性运动会参赛资格。停赛时间自运动员兴奋剂违规处理决定作出之日起算。

第三十六条 全国综合性运动会周期是指自上届闭幕之日起至本届开幕之日止。全国综合性运动会周期内以及举办期间发生兴奋剂违规且被禁赛的，取消该管理单位本届全国综合性运动会体育道德风尚奖等相关奖项评选资格。相关情况通报所属省区市人民政府。

第三十七条 国家队运动员在国家队、国家（集训）队训练期间或者代表国家参赛期间发生的兴奋剂违规，主管教练员应认定为国家队主管教练员。有直接责任人的，按照调查情况认定运动员管理单位；无直接责任人的，运动员管理单位应认定为国家运动项目管理单位。

国家队运动员在国家队、国家（集训）队训练期间或者代表国家参赛期间发生的兴奋剂违规，经调查与运动员所属单位无关的，不计入对单位的累计例数。

各省区市、行业体育协会、学校等有关单位委托实施的检查中发生的兴奋剂违规，不计入对单位的累计例数。

未发生兴奋剂违规的运动员经审查可以以个人身份参赛。

第三十八条 涉及多个单位培养的运动员，相关单位应在培养协议中明确各自的反兴奋剂职责，协议报国家反兴奋剂机构和全国性体育社会团体备案。发生兴奋剂违规的，根据备案的协议追究相应单位的责任。协议未备案的，追究各方的责任。军地共同培养的运动员管理单位是解放军体育主管部门所属单位。

第三十九条 未成年运动员发生兴奋剂违规的，依据《反兴奋剂规则》，可视情况适当减轻对运动员个人的处罚，对负有责任的辅助人员等加重处罚。构成犯罪的，移交司法机关，依法追究刑事责任。

第四十条 各级各类体育运动学校运动员发生兴奋剂违规且被禁赛的，该学校不得参加国家高水平体育后备人才基地的评选或认定。对已命名为国家高水平体育后备人才基地的，取消命名。

第四十一条 运动员禁赛期间违规参赛的，或者退役运动员违规参赛的，或者有其他不执行处理决定行为的，应责令停止违规行为；由体育主管部门给予运动员管理单位、负有责任的国家或者地方运动项目管理单位通报批评，给予负有责任的公职人员处分。

第四十二条 违反本办法第三十三条规定的，应责令停止违规行为，责令返还禁赛期已获得的经济资助，取消禁赛期已获得的各类奖励、奖项、荣誉称号、职称、科研项目等；由体育主管部门给予相关单位通报批评，给予负有责任的公职人员处分。

第四十三条 违规实施兴奋剂检查、检测的，应责令停止兴奋剂检查或者检测；由体育主管部门给予相关单位通报批评，取消该单位体育系统重点实验室资质和体育系统科研项目承担资质，给予负有责任的公职人员处分。

第四十四条 有关部门和有关单位违反本办法第二十三条的规定，不予配合，或者拒绝、阻挠兴奋剂检查、调查的，建议和督促有关部门按照国家有关规定，给予负有责任的公职人员处分。

第四十五条 反兴奋剂工作人员在反兴奋剂工作中违反法定权限或者程序，不履行法定职责，或者包庇、纵容非法使用、提供兴奋剂的，依法给予负有责任的公职人员处分。涉嫌犯罪的，移交司法机关，依法追究刑事责任。

第四十六条 对在反兴奋剂工作中做出重大贡献、有突出成绩的单位和个人，应纳入体育系统表彰奖励范围。

第四十七条 举报兴奋剂违规的线索或者证据经查实的，根据线索或者证据的重要性，按照国家有关规定酌情给予举报人奖励，并对举报人的安全和隐私进行保护。

第八章　药品、营养品、食品管理

第四十八条 运动员管理单位应当加强对运动员治疗用药的管理，指定专门机构或者人员负责管理药品和医疗器械。运动员因医疗目的确需使用含有《兴奋剂目录》所列禁用物质的药物或者禁用方法时，应按照运动员治疗用药豁免的有关规定使用。

第四十九条 运动员管理单位应当加强对运动员营养品的管理，规范营养品采购渠道，确保运动员所使用的营养品不包含任何禁用物质，避免运动员误服误用营养品发生兴奋剂违规。

第五十条 运动员管理单位和训练保障单位应当加强对运动员食品的管理，防止发生食源性兴奋剂事件。

第九章　附　　则

第五十一条 残疾人体育、职业体育、学校体育、社会体育等其他领域的反兴奋剂管理参照本办法执行。

第五十二条 本办法自公布之日起施行，2014 年 11 月 21 日颁布的国家体育总局第 20 号令《反兴奋剂管理办法》同时废止。

体育赛事活动管理办法

（2020年1月17日　国家体育总局令第25号）

第一章　总　　则

第一条　为规范体育赛事活动有序开展，促进体育事业健康发展，根据《中华人民共和国体育法》《全民健身条例》以及其他相关法律法规，制定本办法。

第二条　本办法所称体育赛事活动，是指在中国境内依法举办的各级各类体育赛事活动的统称。

第三条　体育赛事活动应当坚持政府监管与行业自律相结合的原则，实行分级分类管理，加强事中事后监管，优化体育赛事活动服务。

国家体育总局（以下简称体育总局）负责全国范围内体育赛事活动的监管。县级以上地方人民政府体育主管部门（以下简称地方体育部门）负责所辖区域内体育赛事活动的监管。

中华全国体育总会、中国奥林匹克委员会、地方体育总会、全国性单项体育协会、地方性单项体育协会以及其他体育协会（以下简称体育协会）按照法律法规及各自章程负责相关体育赛事活动的服务、引导和规范。

第四条　体育赛事活动举办应当遵循合法、安全、公开、公平、公正、诚信、文明、绿色的原则。

第五条　本办法所称主办方是指发起举办体育赛事活动的组织或个人；承办方是指具体负责筹备、实施体育赛事活动的组织或个人；协办方是指提供一定业务指导或者物质及人力支持、协助举办体育赛事活动的组织或个人。主办方、承办方、协办方之间的权利义务应当通过书面协议方式约定。

第二章　体育赛事活动申办和审批

第六条　体育总局以及中华全国体育总会、中国奥林匹克委员会主办的全国综合性运动会，由省、自治区、直辖市人民政府按照综合性运动会申办管理规定申办，报国务院批准后举办。

地方体育部门以及地方体育总会主办的所辖区域内的综合性运动会自行确定申办办法。

第七条　申办国际体育赛事活动，应当按照程序报批，未经批准，不得申办。

以下国际体育赛事活动需列入体育总局年度外事活动计划，并按照有关规定和审批权限报体育总局或国务院审批：体育总局主办或共同主办的重要国际体育赛事活动，国际体育组织主办的国际综合性运动会、世界锦标赛、世界杯赛、亚洲锦标赛、亚洲杯赛，涉及奥运会、亚运会资格或积分的赛事，全国性单项体育协会主办的跨省（区、市）组织的国际体育赛事活动，涉及海域、空域及地面敏感区域等特殊领域的国际体育赛事活动。

体育总局相关单位或全国性单项体育协会主办，或与地方共同主办但由体育总局相关单位或全国性单项体育协会主导的国际体育赛事活动，需列入体育总局外事活动计划，原则上由有外事审批权的地方人民政府或其有关部门审批。

地方自行主办，或与体育总局相关单位或全国性单项体育协会共同主办但由地方主导的国际体育赛事活动，由有外事审批权的地方人民政府或其有关部门审批，不列入体育总局外事活动计划，但应统一向体育总局备案。

其他商业性、群众性国际体育赛事活动，应当按照属地管理原则，根据地方有关规定办理外事手续。

参加以上体育赛事活动人员的来华邀请函、接待通知等相关外事手续，按照“谁审批谁邀请”的原则办理。

第八条　健身气功、航空体育、登山等运动项目的体育赛事活动，另有行政审批规定的，按照规定程序办理。

第九条 境外非政府组织在中国境内举办的体育赛事活动，应当经省级人民政府体育部门同意，并报同级公安机关备案。

全国性单项体育协会代表中国参加相应的国际单项体育组织，任何组织和个人在中国境内主办或承办相应的国际单项体育组织的体育赛事活动，应当与全国性单项体育协会协商一致。

第十条 除第七、八条规定外，体育总局对体育赛事活动一律不做审批，公安、市场监管、卫生健康、交通运输、海事、无线电管理、外事等部门另有规定的，主办方或承办方应按规定办理。

地方体育部门应当按照国务院、地方人大和政府的相关规定，减少体育赛事活动审批；对保留的审批事项，不断优化服务。

地方体育部门应当积极协调推动地方人民政府，根据实际需要建立体育、公安、卫生等多部门对商业性、群众性大型体育赛事活动联合“一站式”服务机制或部门协同工作机制。

机关、企事业单位、社会组织和个人均可依法组织和举办体育赛事活动。

机关、事业单位、体育协会举办体育赛事活动，应当公开、公平、公正选择承办方，并鼓励和支持社会广泛参与。

第十一条 体育赛事活动的名称应当符合以下规定：

（一）与举办地域和体育赛事活动的项目内容相一致；

（二）与主办方开展活动的行业领域和人群范围相一致；

（三）与他人或其他组织举办的体育赛事活动名称有实质性区别；

（四）不得侵犯他人或其他组织的合法权益；

（五）不得含有欺骗或可能造成公众误解的文字；

（六）不得使用具有宗教含义的文字；

（七）按照国家法律法规、政策要求使用“一带一路”“金砖国家”“上合组织”等含有政治、外交、国防属性的文字；

（八）相关法律、法规和规章的其他规定。

第十二条 中央和国家机关及其事业单位、全国性社会组织主办或承办的国际性、全国性体育赛事活动，名称中可以使用“世界”“国际”“亚洲”“中国”“全国”“国家”等字样或具有类似含义的词汇，其他体育赛事活动不得使用与其相同或类似的名称。

第三章 体育赛事活动组织

第十三条 体育赛事活动主办方和承办方应当建立组委会等组织机制，根据需要组建竞赛、安全、新闻、医疗等专门委员会，明确举办体育赛事活动的分工和责任，协同合作。

承办方应当做好体育赛事活动各项保障工作，负责体育赛事活动的安全，对重要体育赛事活动进行风险评估，制定相关预案及安全工作方案，并督促落实各项具体措施。主办方直接承担体育赛事活动筹备和组织工作的，履行承办方责任。

协办方应当确保其提供的产品或服务的质量和安全。

第十四条 具备条件的大型或重要体育赛事活动的组委会应当建立党组织，加强党对体育赛事活动的领导。

第十五条 举办体育赛事活动，主办方和承办方应当根据需要，做好下列保障工作：

（一）配备具有相应资格或资质的专业技术人员；

（二）配置符合相关标准和要求的场地、器材和设施；

（三）落实医疗、卫生、食品、交通、安全保卫、生态保护等相关措施。

体育赛事活动对参赛者身体条件有特殊要求的，主办方或承办方应当要求其提供符合体育赛事活动要求的身体状况证明，参赛者应予以配合。

体育部门主办的体育赛事活动，应当主动购买公众责任方面的保险。鼓励其他体育赛事活动主办方、参与者购买公众责任或意外伤害方面的保险。

第十六条 主办方或承办方应当根据国家或全国性单项体育协

会有关裁判员管理的规定，按照公开、公平、公正、择优的原则确定体育赛事活动的裁判员。

第十七条 体育部门主办的体育赛事活动，应当在举办前通过网络或新闻媒体等途径向社会公开。

鼓励和支持其他体育赛事活动主办方在体育赛事活动举办前，通过包括政府网站在内的多种途径，向社会公布竞赛规程，公开体育赛事活动的名称、时间、地点、主办方、承办方、参赛条件及奖惩办法等基本信息。

第十八条 体育赛事活动的名称、标志、举办权、赛事转播权和其他无形资产权利受法律保护，主办方和承办方可以进行市场开发依法依规获取相关收益，任何组织和个人不得侵犯。

体育赛事活动主办方、承办方应当增强权利保护意识，主动办理商标、专利、著作权等知识产权手续，通过合法手段保护体育赛事活动相关权益。

第十九条 体育赛事活动因自然灾害、政府行为、社会异常事件等因素确需变更时间、地点、内容、规模或取消的，主办方应当在获得相关信息后及时公告。因变更或取消体育赛事活动造成承办方、协办方、参与者、观众等相关方损失的，应当按照协议依法予以补偿。

第二十条 个人、法人和其他组织依法参与体育赛事活动，享有获得基本安全保障、赛事服务等权利。

体育赛事活动主办方或承办方因办赛需要使用个人、法人和其他组织相关信息的，应当保障信息安全，建立信息安全管理制度，不得违法使用或泄漏。

第二十一条 体育赛事活动相关人员（包括参赛者、裁判员、志愿者、观众、体育赛事活动组织机构工作人员等，以下同）应当履行诚信、安全、有序的办赛、参赛、观赛义务，做到：

（一）遵守相关法律法规规定；

（二）遵守体育道德，不得弄虚作假、徇私舞弊，严禁使用兴奋剂、操纵比赛、冒名顶替等行为；

（三）遵守竞赛规则、规程、赛场行为规范和组委会的相关规定，自觉接受安全检查，服从现场管理，维护体育赛事活动正常秩序；

（四）遵守社会公德，不得损坏体育设施，不得影响和妨碍公共安全，不得在体育赛事活动中有违反社会公序良俗的言行。

第二十二条 体育赛事活动相关人员在体育赛事活动中应当自觉践行社会主义核心价值观，弘扬中华体育精神，积极营造健康向上、和谐文明的赛场文化氛围和舆论宣传氛围。

第二十三条 主办方和承办方应当加强观赛环境管理，维护赛场秩序，防止打架斗殴、拥挤踩踏等事件发生，防止不文明不健康、有侮辱性或谩骂性、破坏民族团结、分裂国家、反社会倾向等方面的言论、旗帜和标语出现，严禁携带危险品出入赛场。

第二十四条 无民事行为能力人或限制民事行为能力人单独参加体育赛事活动的，主办方或承办方应当告知其监护人相关风险并由监护人签署承诺书。

第二十五条 体育赛事活动中有外籍人员参加的，主办方和承办方应当按照国家有关规定对其管理。

第四章 体育赛事活动服务

第二十六条 体育部门和体育协会应当为社会力量合法举办的体育赛事活动提供必要的指导和服务。

通过举办体育赛事活动提升公共体育场馆特别是大型体育场馆的利用效率和开放水平。

第二十七条 体育部门和体育协会应当根据职责和章程，加强对体育赛事活动组织者及相关从业人员的培训，不断提高体育赛事活动组织水平。

第二十八条 体育部门和体育协会可以选配体育赛事活动组织经验丰富的专家担任体育赛事活动指导员，参与体育赛事活动现场指导，并按照项目分类组建专家库。

第二十九条 体育部门可以设立体育赛事活动专项资金，通过奖励、政府购买服务等方式鼓励、引导社会力量举办体育赛事活动。

第三十条 地方体育部门可以制定所辖区域的年度《体育赛事活动服务指导目录》，明确每年度可由社会力量申办的体育赛事活动、优先给予扶持的体育赛事活动以及提供公共服务的范围、服务内容、收费标准等事项。

鼓励主办方在举办体育赛事活动前主动向地方体育部门备案。地方体育部门经过评估可以将其中社会效益好、影响力大的体育赛事活动列入《体育赛事活动服务指导目录》，通过政府购买服务、提供专业技术指导等方式给予支持。

第三十一条 全国性单项体育协会应当充分发挥专业优势，加强体育赛事活动的标准化、规范化建设，制定出台本项目体育赛事活动组织的办赛指南和参赛指引。

办赛指南应当包括组织体育赛事活动的基本条件、标准、规则、服务、保障以及对体育赛事活动主办方、承办方的基本要求等内容。

参赛指引应当包括符合一定年龄、身体、运动机能条件，承诺遵守竞赛规程、服从体育赛事活动安排等参与体育赛事活动的基本要求和需要知悉的基本常识。

第三十二条 体育协会可以根据体育赛事活动主办方和承办方的需求，提供必要的技术、规则、器材等方面的指导和服务，建立健全赛事指导和服务制度。

第三十三条 全国性单项体育协会应当制定体育赛事活动服务收费标准并向社会公布，可以根据其在体育赛事活动中提供的服务依法合规收取相应费用，但不得提供强制服务，不得以任何借口违法违规收取费用。

第五章 体育赛事活动监管

第三十四条 体育部门应当建立健全体育赛事活动监管工作机

制，综合运用多种监管手段，充分发挥“互联网+监管”的功能，加快实现各相关部门、各层级和各领域监管信息共享和统一应用，实现综合监管、智慧监管、动态监管。

第三十五条 体育部门在体育赛事活动举办前或举办中发现涉嫌不符合体育赛事活动条件、标准、规则等规定情形的，或收到有关单位、个人提出相关建议、投诉、举报的，应当及时予以处理；属于其他部门职责范围的，应当及时移交并积极配合协助处理。

第三十六条 体育协会应当引导行业健康发展，加强对会员组织举办的体育赛事活动的日常管理，提高其主办、承办、协办体育赛事活动的水平。

第三十七条 体育协会可以依照体育赛事活动组织整体水平、人数规模、层次规格、服务保障、社会影响力等因素，对所辖区域内的体育赛事活动实施等级评定或进行体育赛事活动评估。

第三十八条 全国性单项体育协会应当在协会章程中规定本项目体育赛事活动管理的内容，并制定相关管理办法，出台本项目体育赛事活动组织的团体标准、奖惩措施、信用管理、反兴奋剂工作等规范，加强行业自律。

第三十九条 主办方和承办方应当加强赛风赛纪管理，确保体育赛事活动公平公正开展。

第四十条 主办方和承办方应当按照国家有关规定履行体育赛事活动反兴奋剂职责，积极配合反兴奋剂组织开展宣传教育以及检查调查等工作，采取措施防范兴奋剂风险隐患，在管理权限内对兴奋剂违规问题作出处理。

第六章 法律责任

第四十一条 违反本办法规定的行为，有关法律、法规、规章已有处罚规定的从其规定。

主办方或承办方违反本办法规定，有下列情形之一的，由地方体育部门或其委托的综合行政执法部门责令改正，情节恶劣的视情节处以30000元以下罚款，属于非经营活动的处以1000元以下罚款。

（一）不符合本办法第七条、第八条对体育赛事活动审批规定的；

（二）不符合本办法第九条对境外非政府组织在中国境内举办体育赛事活动规定的；

（三）不符合本办法第十一条、第十二条对体育赛事活动名称规定的；

（四）造成人身财产伤害事故或重大不良社会影响的；

（五）其他侵犯他人或其他组织合法权益的。

第四十二条 体育赛事活动主办方、承办方、协办方及相关人员在体育赛事活动中的行为涉嫌欺诈或造成重大安全责任事故等情形的，体育部门应当配合公安、市场监管等部门依法依规处理，构成犯罪的依法追究刑事责任。

第四十三条 体育协会在开展体育赛事活动中有变相审批、违法违规收费等行为的，由同级体育部门或其委托的综合行政执法部门责令改正，对负有直接责任的主管人员和其他责任人员依法依规依纪给予处分。

第四十四条 体育赛事活动中出现假球、黑哨、赌球、兴奋剂违规等行为的，体育赛事活动主办方、承办方及相关人员应当配合公安、市场监管、体育等部门依法依规处理，构成犯罪的依法追究刑事责任。

第四十五条 体育部门及其工作人员在体育赛事活动监管工作中有滥用职权、徇私舞弊、玩忽职守等行为的，依法予以查处，对负有直接责任的主管人员和其他责任人员依法依规依纪给予处分，构成犯罪的依法追究刑事责任。

第四十六条 体育部门应当建立体育领域信用制度体系，将信用承诺履行情况纳入信用记录，开展信用评价。

省级体育部门应当按照体育市场黑名单管理制度，将举办体育赛事活动中严重违反法律、法规、规章的体育经营主体及其从业人员列入体育市场黑名单，并在一定期限内向社会公布，实施信用约束、联合惩戒。

第七章　附　　则

第四十七条　本办法自2020年5月1日起施行。2014年12月24日《体育总局关于推进体育赛事审批制度改革的若干意见》（体政字〔2014〕124号）、2014年12月24日《体育总局关于印发〈全国性单项体育协会竞技体育重要赛事名录〉的通知》（体政字〔2014〕125号）、2015年12月21日《体育赛事管理办法》（体竞字〔2015〕190号）、2018年4月28日《体育总局关于印发〈关于进一步加强体育赛事监管的意见〉的通知》（体规字〔2018〕3号）同时废止。

全民健身条例

（2009年8月30日中华人民共和国国务院令第560号公布　根据2013年7月18日《国务院关于废止和修改部分行政法规的决定》第一次修订　根据2016年2月6日《国务院关于修改部分行政法规的决定》第二次修订）

第一章　总　　则

第一条　为了促进全民健身活动的开展，保障公民在全民健身活动中的合法权益，提高公民身体素质，制定本条例。

第二条　县级以上地方人民政府应当将全民健身事业纳入本级国民经济和社会发展规划，有计划地建设公共体育设施，加大对农村地区和城市社区等基层公共体育设施建设的投入，促进全民健身事业均衡协调发展。

国家支持、鼓励、推动与人民群众生活水平相适应的体育消费以及体育产业的发展。

第三条 国家推动基层文化体育组织建设，鼓励体育类社会团体、体育类民办非企业单位等群众性体育组织开展全民健身活动。

第四条 公民有依法参加全民健身活动的权利。

地方各级人民政府应当依法保障公民参加全民健身活动的权利。

第五条 国务院体育主管部门负责全国的全民健身工作，国务院其他有关部门在各自职责范围内负责有关的全民健身工作。

县级以上地方人民政府主管体育工作的部门（以下简称体育主管部门）负责本行政区域内的全民健身工作，县级以上地方人民政府其他有关部门在各自职责范围内负责有关的全民健身工作。

第六条 国家鼓励对全民健身事业提供捐赠和赞助。

自然人、法人或者其他组织对全民健身事业提供捐赠的，依法享受税收优惠。

第七条 对在发展全民健身事业中做出突出贡献的组织和个人，按照国家有关规定给予表彰、奖励。

第二章 全民健身计划

第八条 国务院制定全民健身计划，明确全民健身工作的目标、任务、措施、保障等内容。

县级以上地方人民政府根据本地区的实际情况制定本行政区域的全民健身实施计划。

制定全民健身计划和全民健身实施计划，应当充分考虑学生、老年人、残疾人和农村居民的特殊需求。

第九条 国家定期开展公民体质监测和全民健身活动状况调查。

公民体质监测由国务院体育主管部门会同有关部门组织实施；其中，对学生的体质监测由国务院教育主管部门组织实施。

全民健身活动状况调查由国务院体育主管部门组织实施。

第十条 国务院根据公民体质监测结果和全民健身活动状况调查结果，修订全民健身计划。

县级以上地方人民政府根据公民体质监测结果和全民健身活动状况调查结果，修订全民健身实施计划。

第十一条 全民健身计划由县级以上人民政府体育主管部门会同有关部门组织实施。县级以上地方人民政府应当加强组织和协调，对本行政区域全民健身计划实施情况负责。

县级以上人民政府体育主管部门应当在本级人民政府任期届满时会同有关部门对全民健身计划实施情况进行评估，并将评估结果向本级人民政府报告。

第三章 全民健身活动

第十二条 每年8月8日为全民健身日。县级以上人民政府及其有关部门应当在全民健身日加强全民健身宣传。

国家机关、企业事业单位和其他组织应当在全民健身日结合自身条件组织本单位人员开展全民健身活动。

县级以上人民政府体育主管部门应当在全民健身日组织开展免费健身指导服务。

公共体育设施应当在全民健身日向公众免费开放；国家鼓励其他各类体育设施在全民健身日向公众免费开放。

第十三条 国务院体育主管部门应当定期举办全国性群众体育比赛活动；国务院其他有关部门、全国性社会团体等，可以根据需要举办相应的全国性群众体育比赛活动。

地方人民政府应当定期举办本行政区域的群众体育比赛活动。

第十四条 县级人民政府体育主管部门应当在传统节日和农闲季节组织开展与农村生产劳动和文化生活相适应的全民健身活动。

第十五条 国家机关、企业事业单位和其他组织应当组织本单位人员开展工间（前）操和业余健身活动；有条件的，可以举办运动会，开展体育锻炼测验、体质测定等活动。

第十六条 工会、共青团、妇联、残联等社会团体应当结合自身特点，组织成员开展全民健身活动。

单项体育协会应当将普及推广体育项目和组织开展全民健身活动列入工作计划，并对全民健身活动给予指导和支持。

第十七条 基层文化体育组织、居民委员会和村民委员会应当组织居民开展全民健身活动，协助政府做好相关工作。

第十八条 鼓励全民健身活动站点、体育俱乐部等群众性体育组织开展全民健身活动，宣传科学健身知识；县级以上人民政府体育主管部门和其他有关部门应当给予支持。

第十九条 对于依法举办的群众体育比赛等全民健身活动，任何组织或者个人不得非法设置审批和收取审批费用。

第二十条 广播电台、电视台、报刊和互联网站等应当加强对全民健身活动的宣传报道，普及科学健身知识，增强公民健身意识。

第二十一条 学校应当按照《中华人民共和国体育法》和《学校体育工作条例》的规定，根据学生的年龄、性别和体质状况，组织实施体育课教学，开展广播体操、眼保健操等体育活动，指导学生的体育锻炼，提高学生的身体素质。

学校应当保证学生在校期间每天参加 1 小时的体育活动。

第二十二条 学校每学年至少举办一次全校性的运动会；有条件的，还可以有计划地组织学生参加远足、野营、体育夏（冬）令营等活动。

第二十三条 基层文化体育组织、学校、家庭应当加强合作，支持和引导学生参加校外体育活动。

青少年活动中心、少年宫、妇女儿童中心等应当为学生开展体育活动提供便利。

第二十四条 组织大型全民健身活动，应当按照国家有关大型群众性活动安全管理的规定，做好安全工作。

第二十五条 任何组织或者个人不得利用健身活动从事宣扬封建迷信、违背社会公德、扰乱公共秩序、损害公民身心健康的行为。

第四章 全民健身保障

第二十六条 县级以上人民政府应当将全民健身工作所需经费

列入本级财政预算，并随着国民经济的发展逐步增加对全民健身的投入。

按照国家有关彩票公益金的分配政策由体育主管部门分配使用的彩票公益金，应当根据国家有关规定用于全民健身事业。

第二十七条 公共体育设施的规划、建设、使用、管理、保护和公共体育设施管理单位提供服务，应当遵守《公共文化体育设施条例》的规定。

公共体育设施的规划、建设应当与当地经济发展水平相适应，方便群众就近参加健身活动；农村地区公共体育设施的规划、建设还应当考虑农村生产劳动和文化生活习惯。

第二十八条 学校应当在课余时间和节假日向学生开放体育设施。公办学校应当积极创造条件向公众开放体育设施；国家鼓励民办学校向公众开放体育设施。

县级人民政府对向公众开放体育设施的学校给予支持，为向公众开放体育设施的学校办理有关责任保险。

学校可以根据维持设施运营的需要向使用体育设施的公众收取必要的费用。

第二十九条 公园、绿地等公共场所的管理单位，应当根据自身条件安排全民健身活动场地。县级以上地方人民政府体育主管部门根据实际情况免费提供健身器材。

居民住宅区的设计应当安排健身活动场地。

第三十条 公园、绿地、广场等公共场所和居民住宅区的管理单位，应当对该公共场所和居民住宅区配置的全民健身器材明确管理和维护责任人。

第三十一条 国家加强社会体育指导人员队伍建设，对全民健身活动进行科学指导。

国家对不以收取报酬为目的向公众提供传授健身技能、组织健身活动、宣传科学健身知识等服务的社会体育指导人员实行技术等级制度。县级以上地方人民政府体育主管部门应当免费为其提供相关知识和技能培训，并建立档案。

国家对以健身指导为职业的社会体育指导人员实行职业资格证书制度。以对高危险性体育项目进行健身指导为职业的社会体育指导人员，应当依照国家有关规定取得职业资格证书。

第三十二条 企业、个体工商户经营高危险性体育项目的，应当符合下列条件，并向县级以上地方人民政府体育主管部门提出申请：

（一）相关体育设施符合国家标准；

（二）具有达到规定数量的取得国家职业资格证书的社会体育指导人员和救助人员；

（三）具有相应的安全保障制度和措施。

县级以上地方人民政府体育主管部门应当自收到申请之日起30日内进行实地核查，做出批准或者不予批准的决定。批准的，应当发给许可证；不予批准的，应当书面通知申请人并说明理由。

国务院体育主管部门应当会同有关部门制定、调整高危险性体育项目目录，经国务院批准后予以公布。

第三十三条 国家鼓励全民健身活动组织者和健身场所管理者依法投保有关责任保险。

国家鼓励参加全民健身活动的公民依法投保意外伤害保险。

第三十四条 县级以上地方人民政府体育主管部门对高危险性体育项目经营活动，应当依法履行监督检查职责。

第五章 法律责任

第三十五条 学校违反本条例规定的，由县级以上人民政府教育主管部门按照管理权限责令改正；拒不改正的，对负有责任的主管人员和其他直接责任人员依法给予处分。

第三十六条 未经批准，擅自经营高危险性体育项目的，由县级以上地方人民政府体育主管部门按照管理权限责令改正；有违法所得的，没收违法所得；违法所得不足3万元或者没有违法所得的，并处3万元以上10万元以下的罚款；违法所得3万元以上的，并处违法所得2倍以上5倍以下的罚款。

第三十七条 高危险性体育项目经营者取得许可证后，不再符合本条例规定条件仍经营该体育项目的，由县级以上地方人民政府体育主管部门按照管理权限责令改正；有违法所得的，没收违法所得；违法所得不足3万元或者没有违法所得的，并处3万元以上10万元以下的罚款；违法所得3万元以上的，并处违法所得2倍以上5倍以下的罚款；拒不改正的，由原发证机关吊销许可证。

第三十八条 利用健身活动从事宣扬封建迷信、违背社会公德、扰乱公共秩序、损害公民身心健康的行为的，由公安机关依照《中华人民共和国治安管理处罚法》的规定给予处罚；构成犯罪的，依法追究刑事责任。

第三十九条 县级以上人民政府及其有关部门的工作人员在全民健身工作中玩忽职守、滥用职权、徇私舞弊的，依法给予处分；构成犯罪的，依法追究刑事责任。

第六章　附　　则

第四十条 本条例自2009年10月1日起施行。

附录二

本书所涉文件目录

宪法

2018 年 3 月 11 日	中华人民共和国宪法

法律

2015 年 4 月 24 日	中华人民共和国就业促进法
2016 年 12 月 25 日	中华人民共和国公共文化服务保障法
2017 年 9 月 1 日	中华人民共和国仲裁法
2018 年 10 月 26 日	中华人民共和国残疾人保障法
2018 年 12 月 29 日	中华人民共和国老年人权益保障法
2018 年 12 月 29 日	中华人民共和国义务教育法
2020 年 10 月 17 日	中华人民共和国未成年人保护法
2021 年 4 月 29 日	中华人民共和国教育法
2021 年 12 月 24 日	中华人民共和国科学技术进步法
2021 年 12 月 24 日	中华人民共和国民事诉讼法

行政法规及文件

1996 年 7 月 13 日	特殊标志管理条例
2003 年 6 月 26 日	公共文化体育设施条例
2007 年 2 月 24 日	国家自然科学基金条例
2012 年 9 月 9 日	教育督导条例
2016 年 2 月 6 日	全民健身条例
2016 年 10 月 25 日	国务院办公厅关于加快发展健身休闲产业的指导意见
2017 年 3 月 1 日	学校体育工作条例
2018 年 6 月 28 日	奥林匹克标志保护条例

2018 年 9 月 18 日　反兴奋剂条例

2019 年 12 月 28 日　国务院办公厅关于进一步扩大旅游文化体育健康养老国务院办公厅关于强化学校体育促进学生身心健康全基本医疗卫生与健康促进法

2020 年 10 月 7 日　国家科学技术奖励条例

2021 年 4 月 7 日　中华人民共和国民办教育促进法实施条例

部门规章及文件

2006 年 6 月 30 日　中小学幼儿园安全管理办法

2009 年 3 月 30 日　体育统计工作管理办法

2010 年 4 月 6 日　高等学校信息公开办法

2011 年 8 月 31 日　中等体育运动学校管理办法

2011 年 9 月 2 日　少年儿童体育学校管理办法

2011 年 10 月 9 日　社会体育指导员管理办法

2014 年 1 月 15 日　运动员技术等级管理办法

2015 年 1 月 15 日　体育场馆运营管理办法

2015 年 9 月 23 日　体育竞赛裁判员管理办法

2016 年 1 月 5 日　幼儿园工作规程

2017 年 2 月 4 日　普通高等学校学生管理规定

2019 年 4 月 1 日　体育产业统计分类

2020 年 1 月 3 日　政府购买服务管理办法

2020 年 1 月 17 日　体育赛事活动管理办法

2021 年 2 月 1 日　行政事业性国有资产管理条例

2021 年 6 月 1 日　未成年人学校保护规定

2021 年 7 月 20 日　反兴奋剂管理办法

法律一本通丛书．第九版

1. 民法典一本通
2. 刑法一本通
3. 行政法一本通
4. 土地管理法一本通
5. 农村土地承包法一本通
6. 道路交通安全法一本通
7. 劳动法一本通
8. 劳动合同法一本通
9. 公司法一本通
10. 安全生产法一本通
11. 税法一本通
12. 产品质量法、食品安全法、消费者权益保护法一本通
13. 公务员法一本通
14. 商标法、专利法、著作权法一本通
15. 民事诉讼法一本通
16. 刑事诉讼法一本通
17. 行政复议法、行政诉讼法一本通
18. 个人信息保护法一本通
19. 行政处罚法一本通
20. 数据安全法一本通
21. 网络安全法、数据安全法、个人信息保护法一本通
22. 监察法、监察官法、监察法实施条例一本通
23. 法律援助法一本通
24. 家庭教育促进法、未成年人保护法、预防未成年人犯罪法一本通
25. 工会法一本通
26. 科学技术进步法一本通
27. 职业教育法一本通
28. 反垄断法一本通
29. 体育法一本通
30. 反电信网络诈骗法一本通
31. 农产品质量安全法一本通
32. 妇女权益保障法一本通
33. 治安管理处罚法一本通
34. 企业破产法一本通
35. 保险法一本通
36. 证券法一本通
37. 劳动争议调解仲裁法一本通
38. 劳动法、劳动合同法、劳动争议调解仲裁法一本通
39. 未成年人保护法、妇女权益保障法、老年人权益保障法一本通